我们_和你们

中国和哈萨克斯坦的故事

周晓沛 / 主编

五洲传播出版社

图书在版编目（CIP）数据

中国和哈萨克斯坦的故事 / 周晓沛主编 . —北京：五洲传播出版社，
2016.1（2018.6重印）

ISBN 978-7-5085-3239-4

Ⅰ . ①中… Ⅱ . ①周… Ⅲ . ①中外关系 – 国际关系史 – 哈萨克 Ⅳ .
① D829.361

中国版本图书馆 CIP 数据核字（2015）第 227532 号

我们和你们：中国和哈萨克斯坦的故事

出 版 人：荆孝敏
统　　筹：付　平

主　　编：周晓沛
责任编辑：高　磊
装帧设计：北京翰墨坊广告有限公司
出版发行：五洲传播出版社
地　　址：北京市海淀区北三环中路 31 号生产力大楼 B 座 7 层
邮　　编：100088
电　　话：010 – 82000227
网　　址：www.cicc.org.cn
承　　印：北京圣彩虹科技有限公司
版　　次：2018 年 6 月第 1 版第 2 次印刷
开　　本：787×1092mm 1/16
印　　张：15.75
字　　数：210 千字
定　　价：56.00 元

薪火相传
世代友好

二〇二四年十二月

戴秉国

序 •

中华人民共和国在世界外交坐标体系中占据特殊地位。它
是世界第一人口大国（13.6 亿），国土面积居世界第三位。
中国是联合国安理会常任理事国，是世界"核俱乐部"的一员，
也是一个航天大国。

中国走上改革之路后，连续 30 年保持着令人印象深刻的
发展速度，年均增长约 10%，已成为世界第二大经济体。今天，
中国大部分工业产品产量均居世界前列。它是最主要的原材料
消费国之一，同时也是世界最大的出口国，这一事实体现了中
国在国际市场上的作用。中国有世界最大的外汇储备，这使其
能够实施积极的对外投资政策。

在我们国家，人们对这位伟大的东方邻居十分尊敬。两国
人民有数千年的交往史。自古以来，堪称人类历史上非凡奇迹
的"丝绸之路"就穿过现今哈萨克斯坦境内。公元前后，"丝
绸之路"作为一条贸易通道，实际上成为将东西方人类文明连
接起来的第一个"全球性工程"。从中国到地中海长达 12800
公里的"丝绸之路"，不仅用于贸易往来，而且伴随着地理发
现、知识和技术交流，以及文化和宗教交往的积极进程。"丝
绸之路"对现代哈萨克斯坦的国家团结也产生了积极影响。

在多民族的中国，也居住着哈萨克族人，这表明我们两国
人民的命运是交织在一起的。中国有约 150 万哈萨克族人，
他们都是中华人民共和国公民，同时能够保持和发展自己独特
的文化和语言，与其他民族一起为当代中国的强盛贡献力量。

哈萨克斯坦自 1991 年 12 月独立以来，逐步建立起系统
的对华关系法律基础。

1992 年 1 月 3 日，哈萨克斯坦共和国与中国建立外交关系。

哈萨克斯坦在北京设立了大使馆，后来又开设了驻香港和上海总领事馆，以及乌鲁木齐签证处。中国在阿斯塔纳设有大使馆，在阿拉木图设有总领事馆。

在充分遵守国际法和基于历史公正的基础上，我们两国解决了所有边界问题，将近 1740 公里的边界以法律形式固定下来并实地勘定。哈萨克斯坦放弃苏联核遗产后，中国于 1995 年 2 月向我国提供了安全保障。1991 年，哈萨克斯坦总统纳扎尔巴耶夫宣布关闭塞米巴拉金斯克核试验场。作为回应，中国于 1996 年采取友好举动，宣布暂停在罗布泊试验场的核试验。

2002 年 12 月，哈中签署睦邻友好合作条约，这对加强双方互信具有重要意义。2005 年，哈中签署关于建立和发展战略伙伴关系的联合声明，两国关系提升到更高的合作水平。为深化哈中战略伙伴关系，双方于 2011 年 6 月发表联合声明，其中载入了 21 世纪双边合作的基本原则和目标。

哈中领导人之间进行的信任对话，对加强两国间合作发挥了关键作用。早在苏联解体之前，哈萨克斯坦总统纳扎尔巴耶夫就开始与中国建立关系。他于 1991 年 7 月访问北京，其间表示，哈萨克斯坦愿与中国发展经济和政治领域的睦邻关系。自那时起，哈中举行了近 50 次元首会晤，这充分体现了我们两国之间合作的蓬勃发展。

哈中两国定期开展政府间和议会间交往。双方在这些交往中解决经济合作中的实际问题，形成以立法手段支持具体合作的途径。

在新的地缘政治条件下，维护和平与安全问题具有特殊的现实意义，而哈中为此作出了显著贡献。本地区的安全是两国顺利实现经济发展的重要基础。

哈萨克斯坦感谢中国对哈方有关亚洲相互协作与信任措施会议（CICA）倡议给予的有力支持。该论坛已成为国际政治中一个具有影响力的因素，2014 年在上海成功举办亚信峰会就是很好的证明。26 个国家的元首和政府首脑，以及包括联合国秘书长在内的主要国际组织领导人与会。今天，亚信涵盖了亚洲 90% 以上的土地和 35 亿多人口，占全球人口数量的一半。毫无疑问，中国担任亚信 2014—2016 年主席国，将极大地提高该论坛在国际舞台上的威望。

哈中还在上海合作组织框架内开展密切合作。该组织有自己独特的议程，包括安全、经济和人文合作，潜力巨大。印度、巴基斯坦和伊朗等亚洲大国都谋求加入上海合作组织即证明了这一点。上海合作组织打击"三股势力"（恐怖主义、分裂主义、极端主义）具有特殊意义，这完全符合我们在维护安全领域的共同利益。

中国的宗教团体代表定期参加哈萨克斯坦发起的世界与传统宗教领袖大会，该大会已成为文明间和宗教间对话的有效机制。

我们两国在联合国的合作也体现了高水平的相互理解和支持。

哈中经济合作发展迅速。1992 年，两国贸易额仅 1.04 亿美元；2014 年已达 172 亿美元，增加到原来的 165 倍。而据中方统计，2013 年双方贸易额达 224 亿美元！按照两国元首达成的协议，哈中拟在近期内将贸易额提升到 400 亿美元。

在过去的三年里，哈中签署了 59 份经济合作协议，总价值达 540 亿美元。哈萨克斯坦正在开展交通物流、油气、能源和农业等领域的对华合作项目，并参与建立拥有 1000 亿美元资本的亚洲基础设施投资银行（AIIB）。

哈中正在共同参与落实"丝绸之路经济带"战略，这将为两国经济合作迈上新高度发挥重要作用。中国国家主席习近平2013年9月访问哈萨克斯坦期间提出的这一战略，对哈萨克斯坦来说至关重要。这是因为，哈萨克斯坦是世界最大的内陆国，位于欧亚大陆中心，具有有利的地缘战略位置。此外，中国的这一倡议对于加强哈萨克斯坦作为连接欧亚大陆西部和东部、南部和北部过境走廊的战略地位具有特殊意义。

欧亚经济联盟和中国的"丝绸之路经济带"这两大战略对接合作尤其有利并具有战略意义。如果这一倡议得以顺利落实，将形成规模空前、潜力无限的经贸空间，为两国带来福祉。

这种经济合作潜力的一个典型例证是正在建设的西欧—中国西部国际公路。它全长8445公里，其中经过哈萨克斯坦的部分有2787公里。欧亚大通道框架内铁路网的发展是另一个典型例证。至2020年，西欧—中国西部铁路和公路将运输近3.3亿吨货物。

以最短的路径经由哈萨克斯坦连接中国与里海和波斯湾地区的新铁路线正在开辟广阔的经济前景。

哈萨克斯坦计划建设通往欧洲、中国和印度洋沿岸国家的横贯大陆的多式联运高速走廊，其投入运营可以带来区域间贸易的显著增长。这一项目未来可能成为最热门的世界经济项目之一。

2014年，哈萨克斯坦总统纳扎尔巴耶夫提出"光明之路"新经济方针，其中包括以基础设施项目改造和发展为重点的反危机措施，这与建设"丝绸之路经济带"的倡议不谋而合。"光明之路"规划将使哈萨克斯坦成为欧亚地区关键的交通和物流枢纽，横贯东西，连接南北。

哈中经济合作的其他方向也具有重大实际意义。

我们正继续发展能源领域的互利合作项目。中国石油天然气集团公司、中信集团公司等大型中国企业在哈萨克斯坦顺利开展业务，并正在研究在能源服务和配件生产方面建立合资企业的项目。

2003—2013 年间，哈中建立起长达 2835 公里的管道系统。2014 年，哈萨克斯坦沿这一管道系统向中国市场供应了1200 万吨石油，并正在努力将供油量提高到每年 2000 万吨。我国成为中国市场十大主要供油国之一。哈萨克斯坦也是中亚天然气管道的枢纽，为向中国和俄罗斯供应土库曼斯坦和乌兹别克斯坦的天然气提供过境运输服务。2014 年，我国的天然气国际中转量达到 910 亿立方米，其中一半以上输往中国。

哈中投资合作顺利开展。对这一领域的兴趣是可想而知的，因为哈萨克斯坦自然资源储量位居世界第六，有 5004 个已探明矿床，预计价值约为 46 万亿美元。

中国是哈萨克斯坦经济最大的外资来源国之一。截至2014 年中，中国在哈萨克斯坦的投资总额为 189 亿美元，而哈萨克斯坦在中国的投资总额为 27 亿美元。两国在世界各国投资吸引力排名中都处于领先地位，这为双方进一步开展投资合作开辟了良好前景。同时，中国企业不仅愿意投资，而且还愿意提供对我们工农业现代化来说必不可少的技术，这对哈萨克斯坦尤为宝贵。

哈中在文化和人文领域的合作卓有成效。目前，大约有11000 名哈萨克斯坦公民在中国高校接受教育。两国间学者、大学生和教师交流密切。哈萨克斯坦开设了孔子学院，汉语在哈萨克斯坦年轻人中越来越受欢迎，包括哈萨克斯坦重点大学在内的一系列高等学府教授中文。2014 年 9 月，中国在哈萨克斯坦举办"中国文化周"活动，延续了人文领域的良好传统。

今天，哈萨克斯坦已经确立新的目标——进入世界最发达的30个国家之列。我们追寻宏伟目标遵循的蓝图是：哈萨克斯坦共和国2050年发展战略、"光明之路"新经济政策以及国家计划，其中包括旨在实施五项制度性改革的100项具体举措。这些文件的实质是确保国家经济、政治和社会的可持续发展，把哈萨克斯坦建设成为繁荣、富强、民主的国家。我们相信，落实上述计划完全符合哈萨克斯坦和中国的利益。

我们为我们伟大邻邦取得的成就感到由衷的高兴，并愿在平等互利的战略伙伴关系基础上继续开展互利合作。哈中两国在短短的历史时期内建立起了国家间关系的典范。双方的友谊日益牢固，我们对两国人民之间关系的未来充满信心。

周晓沛大使是中国杰出的外交官，也是我的朋友。他领衔编写这本书，我对此十分支持。我相信，广大读者将从中获得关于我们两个友好国家及其合作的有益信息。周晓沛大使以及中国其他前驻哈萨克斯坦大使为发展两国友好合作作出了重要贡献，哈萨克斯坦为此真诚地感谢他们。本书是我们两国人民之间友谊的鲜明体现。

卡·托卡耶夫
哈萨克斯坦共和国议会上院议长

目 录 Contents

序 / 卡·托卡耶夫

远亲不如近邻 / 谢尔盖·捷列先科 2
结缘哈萨克斯坦 / 张德广 12
漫漫万里路 / 沙赫拉特·努雷舍夫 21
哈萨克斯坦人民的忠实朋友 / 周晓沛 29
中国与哈萨克斯坦的丝路不解缘 / 周剑峰 48
生活在哈萨克斯坦的东干人 / 胡振华 57
《黄河大合唱》在哈萨克斯坦响起 / 姚培生 66
我的梦想：访问中国 / 曼·拜达罗娃 72

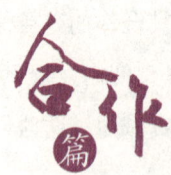

从历史文献看哈中友好关系 / 梅·阿布谢伊托娃 80
圣火传递友谊情 / 孙力 92
难忘的一次灭蝗大战 / 张维利 105
丝路精神的传承者 / 蒋奇 110
石油梦 丝路情 / 孟繁春 125

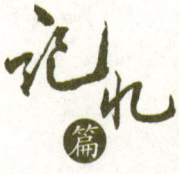

点点滴滴在心头 / 尹树广 138
在加加林升空的发射台上 / 姚培生 153
我与中国结缘 / 叶里克·阿西莫夫 163
中亚明珠 / 万成才 169
中国亲历记 / 康·瑟罗耶日金 176
君子以同道为朋 / 刘延喆 196
中国——我的爱 / 埃·丘拉科娃 205
那些人，那些事 / 文光美 218
中国医生和我的病友 / 柳·斯拉斯季希娜 232
我与中国的故事 / 亚·安德烈耶夫 235

后记 / 周晓沛 238

友谊篇

远亲不如近邻 ◄

结缘哈萨克斯坦 ◄

漫漫万里路 ◄

哈萨克斯坦人民的忠实朋友 ◄

中国与哈萨克斯坦的丝路不解缘 ◄

生活在哈萨克斯坦的东干人 ◄

《黄河大合唱》在哈萨克斯坦响起 ◄

我的梦想：访问中国 ◄

远亲不如近邻

谢尔盖·捷列先科

（哈萨克斯坦前总理）

哈萨克斯坦和中国是好邻居、好朋友。无论在政府和外交场合，还是在日常生活中商人、朋友见面时，经常能听到这样的话。

我感到自豪的是，从我国主权独立之初，我就参与了哈中两国友好关系的形成和发展过程，而且，如今仍然坚持不懈地在继续做这件事。

在这一篇幅不长的文章里，我将力求讲述几个故事，同时想感谢我的老朋友——中国驻哈萨克斯坦前大使周晓沛，是他提出让我撰写有关哈中友谊的文章，并在如此精彩的文集里发表。

1992 年 6 月，乌鲁木齐至阿拉木图国际列车开通。

开启铁路丝绸之路

1991 年 12 月 16 日，哈萨克斯坦实际上是原苏联加盟共和国中最后一个宣布主权独立的。中华人民共和国是世界上最早承认哈萨克斯坦主权，并提议建立外交关系的国家之一。早在 1992 年 2 月，应中华人民共和国国务院总理李鹏邀请，我率哈萨克斯坦政府代表团对中国进行了正式访问。

在此之前，我与中国已经有了初步的接触。经德鲁日巴（友谊）站连接土西和新疆铁路的支线已经关闭了 20 多年，纳扎尔巴耶夫总统向苏联总统戈尔巴乔夫建议，恢复与中国谈判并开通这条铁路支线。谈判很顺利，双方同意于 1991 年底开通。但 8 月苏联发生政变，并逐渐走向解体。

这期间，哈萨克斯坦政府采取主动，并完成了这项工作。11 月，为了开通线路，我率政府代表团乘专列驶往边境。一路上，我们在几个车站和会让站停留的时候，受到了许多人的欢迎。大家都非常高兴，因为他们清楚，随着铁路的开通，他们会找到稳定的工作。

专列驶近国界，迎接我们的是由新疆维吾尔自治区政府主席率领的庞大代表团。我们共同钉入银质的铁路道钉，连接就此完成。然后，我们的专列驶入聚集着几千人的阿拉山口站，他们很真诚地欢迎我们。在这里，我们举行了哈中铁路开通庆祝大会。随后，中国东道主邀请我们参加节日盛宴，从此我知道了什么叫中国的"干杯"。

从那时起，这个边境火车站就被称为"多斯特克—阿拉山口站"，并且运转非常顺利。哈中两国在国界两边建造了很多居民楼和各种工业、交通设施，数以千计的民众得到了稳定的工作。每年通过这个站点的货运量达 1500 万吨。2013 年，又开通了西安至阿拉木图的"长安"号高速载货列车，线路全长 3267 公里，全程历时 76 小时。

就这样，哈中两国开启了铁路丝绸之路。

奠定两国关系

正如上面所提到的，1992 年 2 月 14 日，我率政府代表团乘机抵达中华人民共和国。当时随行的有几位部长、几乎所有的州长以及我的助手。在机场，我们受到中国同志的热烈欢迎，他们陪同我们前往钓鱼台国宾馆。北京城以其宏大的规模震撼了我们，当时的北京人口接近 1700 万，这相当于哈萨克斯坦全国的人口数量。

1992 年 2 月，江泽民总书记会见来访的哈萨克斯坦总理捷列先科。

访问是以最高规格来安排的，我们的代表团受到了国宾级的礼遇。

在人民大会堂，我与中国国务院总理李鹏一起检阅了仪仗队，并会见了所有国家高层领导人。访问结束时，双方签署了十多项有关不同领域的合作协定，如"发展双边贸易"、"开通北京和阿拉木图直达航班"、"发展哈萨克斯坦和中国铁路运输"等。中华人民共和国事实上已承认了哈萨克斯坦的主权，并且表明准备同我们这个年轻国家开展全方位合作。

在过去的十几年里，哈中两国已经成为紧密的经济伙伴。简单列举一下，比如双边贸易额接近400亿美元，文化联系加深，旅游业在发展，在许多经济领域建立了大量的合资合作企业。

苏联时期几十年都未曾解决的边界问题，现在都已经全部解决。

就这样，我们与中华人民共和国的友好关系有了良好的开端。

建立党际联系

1999年2月，在例行的总统选举之后，根据支持纳扎尔巴耶夫的竞选总部的倡议，成立了"祖国党"，纳扎尔巴耶夫总统被选为党主席。

依据宪法，现任总统不能行使党主席的职责，所以纳扎尔巴耶夫总统委托我代行"祖国党"主席职责。在章程里，我们党宣布赞同社会民主思想。在履行所有的组织程序之后，我们开始建立国际联系。在宣布我们的政党成立后，我们第一时间收到了中国共产党的祝贺。在回信中，我们感谢他们真诚的祝贺，并提出与中国共产党合作的建议。我们很快收到中共中央对外联络部部长戴秉国同志的回信，告知中共领导人邀请"祖国党"领导人访华，以便了解并探讨合作事宜。

"祖国党"组成了以我为团长的代表团，团员包括副主席杜纳耶夫、阿拉木图市市长布肯诺夫和东哈萨克斯坦州、南哈萨克斯坦州、卡拉干达州委负责人等。2001 年 9 月，代表团从阿拉木图乘坐哈萨克斯坦国际航空公司的航班飞往北京，在机场受到了中国同志、捧着花束的姑娘和哈萨克斯坦驻华大使苏尔丹诺夫的热烈欢迎。在车队的护送下，我们下榻北京当时最好的酒店之一——国际饭店。沿途和我们所住的酒店门前，都悬挂着欢迎我们代表团来访的标语，这让我们非常感动。中共领导人对我们这个年轻政党表现出了莫大的重视和尊重。

第二天，中国共产党中央委员会总书记、中华人民共和国主席江泽民在中南海接见了我，谈话进行了约 40 分钟。在亲切友好的气氛中，江主席询问了摆在我们党面前的任务有哪些、国家的局势如何、国民生活怎样。江主席对努尔苏丹·阿

2001 年 9 月，中联部部长戴秉国会见哈萨克斯坦"祖国党"代主席捷列先科。

比舍维奇·纳扎尔巴耶夫总统很亲切，称他为自己的好朋友，让我转达问候。后来，我还在其他场合两次遇见江泽民主席，他对我们哈萨克斯坦共和国总是很关心。

我们进行了富有建设性的会谈，签署了有关相互合作的协定。之后，中联部部长戴秉国以中共领导人的名义在全聚德烤鸭店宴请了我们。代表团的许多成员是第一次品尝各式各样的中国菜，他们都很喜欢。

北京的会谈结束后，我们一行访问了成都和青岛，参观了生产电子产品的日本夏普公司、著名的青岛啤酒厂和生产各类冰箱、空调的海尔公司。我们此行调研了合资企业和大型工业企业基层党组织的工作经验。我们代表团所到之处，都受到了热情接待，中方开诚布公地分享经验，不回避存在的困难，我们从中受益匪浅。在成都，我们参观了世界园林博览会，观赏了稀有植物和可爱的熊猫。

哈萨克斯坦与中国执政党的党际联系就这样确立了，并且一直保持着良好的发展势头。

创立"亚洲达沃斯"

2000 年夏，托卡耶夫副总理率哈萨克斯坦代表团访问了上海和香港，我是代表团成员之一。负责我此行的是使馆贸易代表别克别尔根诺夫·萨登汗，他也是我南哈州的老乡。萨登汗在中国工作多年，精通中国的历史、风俗习惯和饮食，熟练掌握汉语和英语。没过多久，他就给我打电话，说菲律宾前总统菲德尔·拉莫斯、澳大利亚前总理鲍勃·霍克、日本前首相中曾根康弘和中国全国政协副主席陈锦华致函时任中国国家主席江泽民，提议在亚洲成立类似瑞士达沃斯模式的论坛，并

获得赞同。萨登汗说，有关方面正在组建筹委会，他们希望我也能加入。我就答应了下来。

过了一段时间，我接到了参加 2001 年 2 月在海南举行的理事会筹备会的邀请。会议地点是博鳌小渔村的金雉宾馆。此次与会的有 26 个亚洲国家的 36 名代表，包括智库、前总统、前总理和知名企业家。江泽民主席出席会议并致辞。筹备会确认了代表资格，通过了章程，选举了理事，推选菲律宾前总统拉莫斯为理事长，同时选举了秘书长。理事会由包括我在内的九人组成。

记得那天在工作晚宴的小音乐会上，江泽民主席即兴拿起话筒献上一首中国歌，然后唱起了俄语歌《莫斯科郊外的晚上》，我和萨登汗上前为他伴唱。唱完后，江主席对我们表示了衷心的感谢。随后，澳大利亚前总理霍克演唱了《伐木工之歌》，大家度过了一个美好而难忘的夜晚。

博鳌亚洲论坛就这样成立了，现已成为世界级论坛，每年3—4月份举行年会，世界各国政要、大型跨国公司负责人、大众传媒等高层纷纷前来参会。论坛通常讨论与人类利益密切相关的问题，为各国经济战略提供咨询建议。按照惯例，中国领导人会在每届论坛上进行主题演讲，而博鳌这个小渔村也发展成了知名的疗养胜地，海南岛也因此享有盛名。

2015年博鳌论坛年会于3月26日至29日举行，中国国家主席习近平在开幕式上发表了纲领性的讲话。

共建"一带一路"

在2005年4月博鳌论坛年会召开期间，论坛研究院执行院长钟长鸣介绍我认识了时任西安市委书记袁纯清。他告诉我，秋天将在西安筹办欧亚经济论坛，并邀请我参加。我很愉快地答应了。

为促进区域合作、加强亚洲国家相互协作，上海合作组织秘书处、中国国家开发银行和博鳌亚洲论坛通过决议，创建欧亚经济论坛。9月，我收到了出席首届论坛的邀请。11月10日，首届论坛在美丽的皇城公园大唐芙蓉园举行，吴邦国委员长出席论坛并致辞。会议期间，我被推选为论坛筹备委员会主任委员，我的老朋友、中国驻哈萨克斯坦首任大使张德广先生被推选为论坛秘书长。晚上，主办方为与会嘉宾举办了盛大的招待会，随后在湖面上播放了主题为"盛世大唐"的水幕电影。这给我们留下了不可磨灭的印象，甚至现在回想起来，许多画面还历历在目。

在两河交汇、美丽如画的浐灞生态区，西安市政府在短时

间内建成了功能齐全的凯宾斯基会议中心，并将其定为欧亚经济论坛永久举办地。在这里，能够举办欧亚经济论坛以及其他国际性会议。如今论坛已经举办过五届，每两年一届。

2009 年，时任中国国家副主席习近平出席了欧亚经济论坛并致辞。他在那时就提出了复兴"丝绸之路"的任务，因为西安是古丝绸之路的起点，同时陕西省也是习近平的家乡。

2013 年 9 月，习近平主席出访中亚期间，在哈萨克斯坦首都阿斯塔纳的纳扎尔巴耶夫大学演讲时，提出了建设"丝绸之路经济带"的倡议。这一倡议得到了哈萨克斯坦总统纳扎尔巴耶夫的热烈支持。如今，这一倡议已经获得"丝绸之路"沿线大部分国家领导人的支持。

历经两千年沧桑，这条古老的丝绸之路被赋予了新的内涵。这是一条通往共同发展、共同繁荣、合作共赢之路，是一条相互理解、相互信任、多元协作与和平友谊之路！

2015 年 9 月 24 日至 26 日，第六届欧亚经济论坛将举行。

届时来自亚洲、欧洲、非洲国家的逾 2000 位来宾将汇聚西安，共同探讨落实"一带一路"构想的具体方案。

以上只是我多次中国之行中的几个小片段。我非常喜欢这个国家，发自内心地尊重善良、慷慨和大度的中国人民。我有许多中国朋友，我祝愿所有朋友和这本文集的读者们健康长寿、家庭和睦！祝愿中国繁荣富强！

结缘哈萨克斯坦

张德广

（中国首任驻哈萨克斯坦大使，原外交部副部长）

1992 年 2 月初，我从华盛顿奉调回国。此前，我在驻美国使馆工作五年，研究、观察苏美关系和苏联东欧地区形势。回到北京，干部部门通知我准备到苏联解体后中亚新独立的国家哈萨克斯坦工作。从此，我与这个神秘的"雄鹰之国"结下了不解之缘。

我从事外交工作几十年，首次被国家主席任命为特命全权大使，感到自豪和荣幸，同时也深知责任重大。由于从未到过哈萨克斯坦，我开始认真做各种准备，废寝忘食地查阅资料，了解中亚和哈国的历史、政治、经济、文化、宗教等情况。

我特别注意搜集有关纳扎尔巴耶夫总统的资料。我了解到：他生于 1940 年 7 月，曾经做过钢铁工人，喜欢骑马、摔跤，当过苏联共产党政治局委员，曾是哈萨克斯坦共产党中央第一书记。

1992 年 4 月下旬，我经莫斯科转机，飞抵哈萨克斯坦首都阿拉木图，入住当时该市唯一的高层建筑——哈萨克斯坦酒店。在我到阿拉木图之前，外交部已派出三人建馆先遣组。阿拉木图处于地震多发带上，据说这家酒店是防 8 级地震的建筑结构，建筑物顶部安全摆动幅度为 3—4 米。到阿市后没几天，在去拜访一位部长的途中，我感到轿车剧烈震颤，司机说这是地震，不要慌。原来这里常有地震，当地人习以为常。

我是第二个向纳扎尔巴耶夫总统递交国书的大使（第一个是土耳其大使，他比我先到任）。哈萨克斯坦宣布独立后，土

12

耳其、美国、俄罗斯和中国是最先向阿拉木图派人设立大使馆的国家。记得递交国书仪式完毕之后，纳扎尔巴耶夫与我及陪同人员短暂交谈。他说话思路敏捷、清晰，握手有力，目光炯炯。谈到苏联解体，他说，在俄罗斯、乌克兰、白俄罗斯宣布成立独联体之后，事态已无法控制，哈萨克斯坦别无选择，只能宣布独立。纳扎尔巴耶夫表示，与中国发展真诚友好的合作对建设独立自主的新哈萨克斯坦至关重要，欢迎中国领导人尽早来访。

递交国书之后，我们催促哈外交部尽快为中国大使馆寻找一处合适的馆舍。由于哈处于建国初期，百废待兴，要找一处合适的房子绝非易事。几经周折，我们终于在富尔曼诺夫大街选定了一栋 60 年代建的三层楼房。简单装修后，我们租了一辆卡车，把东西从酒店搬到这座楼里，开始挂牌办公。馆舍后院的围墙残缺不全，也没有大门，小区的居民和儿童常常进到院里溜达，有的还到楼道里东张西望。后来，我们修建了围栏，并请哈方派警察来使馆站岗,才解决了问题。

哈国初建,民众甚至官员尚无独立国家和外交的意识。我作为大使出行时,轿车插着国旗,路边常有哈国青年向我的司机提"抗议",他们大声喊着:"苏联没有了,怎么还插着这样的旗子?"司机探出头去向他们解释说,这是中国国旗,车上是中国大使。我还常常遇到哈民众不知道"大使"是什么意思,甚至有的官员也不清楚。有一次,我约好去拜会一位部长,我们到达后,部长的秘书说:"等着吧!"结果等了40分钟也没人理睬我们,最终也没见成这位部长。后来,我见到纳扎尔巴耶夫总统时提及此事,他说:"这说明有的部长还不知道我们已经是一个独立国家了!"他表示一定下令加强这方面的教育,树立国家意识。

我在哈萨克斯坦工作了一年半多的时间,亲历了纳扎尔巴耶夫为建设一个独立自主的新国家所作的不懈努力,如发行了哈国货币,解决了边界问题,积极开展外交活动,包括创建"亚信"会议。他制订的多民族和睦政策确保了政治和社会稳定。他还决定哈国放弃拥核而成为无核国家,同时大力发展国民经济,重视改善民生,取得举世瞩目的成就。这些,使哈萨克斯坦在地区和国际事务中受到尊重并享有极高的声誉。

1993年8月,我奉命离任回国,担任外交部欧亚司司长。1994年,我随李鹏总理访哈,纳扎尔巴耶夫在与代表团各位高官握手之后看到我,亲切地对李总理说:"张是我们哈萨克人!"1995年夏天,我被任命为外交部副部长,仍然主管欧亚地区事务。纳扎尔巴耶夫同年9月来访时,在天安门广场的欢迎仪式上也对江泽民主席说过类似的话,称我是哈萨克斯坦和他本人的老朋友。

1997年2月,纳扎尔巴耶夫总统偕家人到海南三亚度假。

我和夫人郑淑兰受外交部委托，带欧亚司几位同志陪他们在那里度过了一周的难忘时光。那时的三亚还没有适合哈方专机降落的机场，客人们从海口入境，再乘汽车前往三亚。途中，总统一行参观了猴岛、热带植物园等景点和一家湿纸巾工厂。纳扎尔巴耶夫表示，希望中方企业到哈国办厂生产湿纸巾。此后我作了一些努力，但因当时哈国投资条件尚不成熟，这一倡议未能实现。这也反映了两国经贸合作刚刚起步时的实际情况，与今天快速增长中的数百亿美元贸易额的规模无法同日而语。

当年的三亚处在旅游开发初期，亚龙湾的海滩上只有一家凯莱酒店能够接待总统级的外宾，倒是环境优美清静，海水湛蓝，沙滩洁白如洗，阳光温暖灿烂。总统身体非常健康，虽是冬季，仍每天下海游泳。有一天，总统脚部扭伤，我听说外交部欧亚司来三亚陪团的一位年轻人会些按摩功夫，就请他试一

试。结果令人喜出望外，经过几次按摩，总统居然可以健步如飞，照常打球了。离开三亚回国之前，总统认真地对我说："你能不能把这个小伙子派到哈萨克斯坦，到我身边工作？"我觉得这是一句热情友好的话，痛快地应道："好呀，好呀，没问题……"没想到十多年之后，这个"小伙子"成了中国驻哈萨克斯坦第十任特命全权大使，他就是大家知道的张汉晖。

　　1996年和1997年，中国、俄罗斯、哈萨克斯坦、吉尔吉斯斯坦、塔吉克斯坦五国领导人分别在上海和莫斯科举行会晤，先后签署了边境地区信任措施协定和边境地区裁军协定。1998年夏，五国外交部同意在阿拉木图举行第三次领导人会晤。6月下旬，会晤的准备工作进入倒计时，俄方突然通知说，叶利钦总统因国内事务不能出席会晤，同时表示可派外交部长出席。各方对此反应强烈：俄派外长出席，怎么举行元首会晤？哈方十分重视这次会晤，外长托卡耶夫是我结交20年的老朋友，他把电话打到我的办公室，焦急万分地说："老张，会晤

一定要举行。纳扎尔巴耶夫总统要我告诉你,他邀请江主席正式访问哈萨克斯坦并出席五国元首会晤,哈方将以最高规格,不,超规格欢迎江主席!"我们还讨论了有关细节,共同破解了一些难题。7月3日,第三次五国元首会晤终于在阿拉木图成功举行,俄方由外长普里马科夫以叶利钦总统特别代表的身份出席。这次会晤扩大了议题,决定元首会晤每年举行一次,以推动五国在政治、经贸、科技、文化等各个领域的合作。阿拉木图会晤对确保五国元首会晤作为一个进程得以延续,并最终在2001年发展成为上海合作组织起到了关键作用。这是纳扎尔巴耶夫总统对上海合作组织这一伟大事业的历史性贡献。

2002年春天,我还在驻俄罗斯大使岗位上工作。有一天,哈萨克斯坦驻俄使馆公使衔参赞来见我,他说:"张大使,我向你报告一个好消息:纳扎尔巴耶夫总统发布命令,授予你共和国一级友谊勋章,以表彰你作为中国首任驻哈大使为两国友好合作关系作出的卓越贡献。"我听到这个消息十分感动。我离任已近十年了,总统和哈萨克斯坦的朋友们还记得我为中哈友好合作所应该做的一些工作。两馆礼宾官员约好时间,我和夫人正装前往哈驻俄使馆,出席授勋仪式。哈驻俄大使代表纳扎尔巴耶夫总统把勋章和绶带授予我并亲自给我戴上,然后双方外交官举杯向我表示祝贺。哈方给我授勋这件事使我对外交工作有了一层新的感悟:外交是政治,也是人情,因为国家的外交是由人与人之间的交往构成的。一枚勋章以及围绕勋章作出的种种安排,作用竟如此巨大,一下子更加拉近了我与哈萨克斯坦这个友好邻国的感情距离,以至多年来,每当哈方电视台在哈国庆节或总统生日之际提出采访我时,我都很难因为忙而拒绝,几乎是有求必应地宣传中哈友好和哈萨克斯坦取得的成就。

1997 年，中国代表团团长张德广与哈外长托卡耶夫商谈边界问题。

　　1997 年，中哈边界谈判取得重大成果，只剩下部分边界线悬而未决。为此，我奉命带团赴哈萨克斯坦商谈。当时，哈外交部在阿拉木图，还没有迁往新都阿斯塔纳。托卡耶夫外长亲自率团与我会谈，双方本着平等互利、互谅互让的精神很快达成协议，但这还需要得到总统的批准才能算数。于是，双方代表同乘专机飞往阿斯塔纳面见纳扎尔巴耶夫总统。纳扎尔巴耶夫已事先得到谈判结果的报告，他在会见中非常明确地对我说，哈中 1700 多公里的边界问题终于完全解决了，这对哈成为一个真正意义上的独立国家具有重要意义。我深信，中哈边界问题完全解决是纳扎尔巴耶夫为独立的哈萨克斯坦和中哈友好关系所作出的一个重大贡献。

　　在与纳扎尔巴耶夫的多次接触中，2005 年 12 月初我作为上海合作组织首任秘书长到哈国观察大选最为难忘。当时，两国首都间还没有直达航线，我们观察团必须在阿拉木图转机。飞机到达阿斯塔纳上空后开始盘旋，几次尝试降落均未成功。乘务员告诉我们，地面遇到极强暴风，必须等待天气变化，出现安全"窗口"。通过舷窗，我们看到地面上厚厚的积雪被狂风掀起，继而飞舞、滚动、打旋。45分钟后，飞机开始返航，我们回到阿拉木图。我们在机场坐等五小时后再次登机，终于在当天傍晚安全到达阿斯塔纳。次日，我们开始观察大选的活动。观察团由上合组织六个成员国的外交官员组成，走访了不同选区的投票站，同选民广泛接触、谈话。我代表观察团向媒体发表评论，认为哈萨克斯坦这次总统选举是公正、透明、民主的选举。我指出，选民踊跃投票，充满政治积极性，纳扎尔巴耶夫获得哈萨克斯坦人民的普遍支持和敬仰。记者会上，有人提到西方观察员对这次大选说三道四，我表示，我们没有发现选举中有舞弊现象，不赞成任何偏见。

经过几天的紧张活动，加之旅途劳累，天气又异常寒冷（零

1998年，托卡耶夫访华时向张德广赠送哈国礼袍。

下 30 摄氏度），我突然感冒，嗓子疼得厉害，严重失音，几乎说不出话来。陪同我访哈的上合官员告知哈外交部，说我因患重感冒不便去见总统。但哈方请示总统府之后通知我们，总统一定要见我这个老朋友。随后，哈外交部安排我到阿斯塔纳最好的医院去做嗓子喷雾治疗。记得那天下午，纳扎尔巴耶夫在总统府接见了我，并对上合组织的发展提出了具有重要意义的建议，其中包括他完全支持成立上合组织大学（成员国各方部分高校组成的项目院校网络）的提议。

转眼之间，20 多年过去了。2014 年 5 月，亚洲相互协作与信任措施会议在上海举行。在此之前，丝绸之路和平奖委员会讨论谁应该是首任获奖者，我推荐了纳扎尔巴耶夫，得到评选委员会的一致赞同。我有幸与丝路和平奖委员会主席李肇星同志前往上海出席了颁奖仪式，并同纳扎尔巴耶夫和习近平主席合影留念。

近日，获悉纳扎尔巴耶夫再次高票当选总统，我衷心祝愿他继续为哈萨克斯坦人民的福祉、为地区的和平与发展、为中哈两国的全面战略伙伴关系的发展作出更大贡献。

漫漫万里路

沙赫拉特·努雷舍夫
(哈萨克斯坦驻中国特命全权大使)

　　那个年代，我作出学习汉语的决定，令父母感到十分意外。爸爸本想让我像他一样学习历史，妈妈则希望我在她工作的外语学院学习英语。

　　这两种安排我都是乐意的，所以选择了哈萨克斯坦基洛夫国立大学（现为哈萨克斯坦阿里—法拉比国立大学）的东方学系。1989 年进入中国历史专业，让我有机会将历史和语文教育结合起来。课程中每周有 10—12 小时的中文课，这为我打下了良好的语言基础。后来，1991—1995 年在北京语言学院（今北京语言大学）学习，则让我从根本上提高了中文水平。

　　就这样，从 1989 年选择专业的那天开始，我的生活便与中国紧紧地联系在一起。1991 年以来，我成为中国迅速发展的见证者。我国战略伙伴的发展速度引人注目，不仅促进了周边国家的经济增长，同时也帮助维持了世界经济的稳定。

　　我的外交工作也与中国交织在一起。不管是在外交部还是驻外机构、双边还是多边机制中，我都一直从事与中国的协作问题相关的工作。考虑到现在双边关系的高水平和战略性质，我坚信自己选择学习汉语、投身于巩固两国睦邻友好合作关系的事业是完全正确的。

　　在这方面的工作中，我碰到过许多有意思的故事，其中有一些想与大家分享。

"请说慢点儿，我们要记下来"

或许是命运的安排，我从事了很多年的外交翻译工作。尽管我的毕业证书上写着"以优异的成绩毕业于初级翻译专业"，但事实上，上世纪90年代的阿里—法拉比国立大学东方学系——很遗憾——还没有传授专业的翻译技能。

在北京语言大学学习期间积累的良好的中文基础，真正帮助我提高了翻译水平。学习的同时，我也争得了一份实习工作，在哈萨克斯坦驻华大使馆担任值班员。

自2001年起，我开始积极参与高层翻译工作。如果说此前委托给我的是专家级会见、副部长和部长级的会谈翻译，那么，2001年9月则是进行了"战斗洗礼"般的总理级别的翻译。

值得一提的是，当时的政府总理是著名的国务活动家、公

认的"中国通"外交家，苏联时期曾多次在重要会见和谈判中担任翻译，现任哈萨克斯坦上议院议长——卡西姆若马尔特·托卡耶夫。

托卡耶夫任外长时，曾亲自录用我进外交部工作。会谈前，他显然察觉到我的紧张情绪，于是问道："你看过会谈提纲了吗？"我肯定地回答后，他赞许地点点头，然后开始了与中国国务院总理朱镕基的会谈。

作为一名资深外交家，托卡耶夫多次参加各种会谈，深刻理解翻译工作的难处，于是他尽量用简短、精炼、清晰的语句进行谈话。我第一次与两位总理坐在一起，自然感到紧张，翻译起来不带停顿，语速很快，就像打机关枪一样。

在第五个句子翻译完之后，中国总理笑着说："年轻人，你翻译得都对，但可不可以稍微慢一点说呢，我们的同事来不及记下会谈的内容呀！"

听到这样的提醒后，我放慢了语速，开始翻译得更加自信。会谈进行得很顺利，达成了关于推进哈中务实合作的协议。这是两国政府首脑在新都阿斯塔纳举行的首次会谈。之后，两国领导人飞赴南都阿拉木图市，在那里与吉尔吉斯斯坦、俄罗斯、塔吉克斯坦和乌兹别克斯坦等国的同事们组建了上海合作组织政府首脑理事会，并举行了首次会议。

后来的十年间，我有幸为纳扎尔巴耶夫总统担任翻译。我不止一次地看到，国家元首为会谈精心准备，十分认真地阅读为他准备的提纲及资料。为总统当翻译，自然责任重大，同时又充满愉悦，因为他的讲话总是条理清晰、简明扼要。当你与杰出的大人物坐在一起时，要控制住自己的激动心情是很难的。正是有赖于他们精干的领导，哈萨克斯坦和中国在快速发展，巩固双边关系也成了优先重视的方向。

2001年9月，中国国务院总理朱镕基访哈期间，与哈萨克斯坦总理托卡耶夫（右1）会谈。努雷舍夫（右2）担任翻译。

2002 年 12 月，纳扎尔巴耶夫总统访华期间与江泽民主席会谈。努雷舍夫（左 2）担任翻译。

"你们是怎么在这里生活的？"

关于年轻首都阿斯塔纳的严冬，有很多故事。1997 年从舒适的南部阿拉木图搬到这里来的居民，都会开玩笑地询问：您在这里熬过了多少个冬天？

有关这座城市严寒的气候，外宾们听到过许多，曾经都不愿意在冬季来这里。记得在 2006 年初，也就是纳扎尔巴耶夫在 2005 年 12 月无条件地赢得总统选举后不久，2006 年 1 月 11 日在阿斯塔纳举行就职典礼，许多外国领导人应邀参加了本次庆典活动。

出席就职典礼的中方代表是国家副主席曾庆红。根据中国惯例，他的出席是与对哈萨克斯坦的正式访问一起进行的，同时安排了与新当选总统、总理及议会两院议长的会见。到过阿斯塔纳的人都知道，哈萨克斯坦总统府（Akorda）、政府大楼和议会两院大楼都集中在一步之遥的地方，彼此距离非常近。

曾庆红先生是江西人，长年生活在上海和北京。由于没有在与阿斯塔纳气候相近的中国东北工作过，因此，这次访问哈萨克斯坦首都对他来说有点不太适应。

那天天气晴朗，无风，阳光明媚。尽管如此，白天的气温仍在零下36摄氏度。中国驻哈萨克斯坦大使馆工作人员提前为副主席准备好了暖和的大皮袄和皮帽。每次下车，警卫军官就立马跑上前，在他穿的大衣外面再披上一件大皮袄，然后迅速引进屋内。

与纳扎尔巴耶夫总统会谈过后，曾庆红的车队从总统府驶出，开向议会上院大楼。上院议长托卡耶夫穿着西装站在门口的街上迎接客人，并没有穿厚外套。刚从车里出来的中国副主席，看见了穿得"凉快"的议长先生，眼睛里流露出了惊异，问道："你们是怎么在这儿生活的？"托卡耶夫从容地用中文回答说："我们已经习惯了，气候只会磨炼我们！"

说句公道话，近些年来阿斯塔纳的气候，就像城市面貌变化一样快，冬天变得越来越不可怕，越来越暖和。这要归功于绿化带的增加——城市周边的森林覆盖、建筑物密度增大以及居民和机动车数量的上升。

以前，人们常常抱怨大风几乎要把人吹倒了，身体都冻僵了，汽车也冻住了，等等。现在，气象局和紧急情况局会预先提醒居民天气变化情况，制定了极端严寒天气学校停课的机制；政府提高了住宅的建筑要求（必须带有停车场），提高了城市公共交通的标准。也许，这座城市的居民就像托卡耶夫说

的那样，已经习惯了这里的寒冷，变得更加坚强。

与国家主席的交往

2015 年 2 月 21 日，哈萨克斯坦总统纳扎尔巴耶夫签署总统令，任命我为哈萨克斯坦驻中国特命全权大使。而这一天，刚好是我大女儿的生日。因此，对我们家来说，真可谓是"双喜临门"。

在两周的时间内，我先后受到总统、总理和议会上院议长的接见，聆听他们的有关指示，并与主要部委和国有企业领导会面，然后于 3 月 7 日飞赴北京。

到达以后，我向中国外交部递交了国书副本，开始履行职责。中国外交官告知，按现有惯例，向国家领导人递交国书是每季度安排一次，由于上一次递交国书是在 1 月，因此下一次接受国书将在 4 月进行。

向中华人民共和国国家主席习近平递交国书的时间，定在

2015 年 4 月 14 日。毫无疑问，这个日子将成为我永远难忘的记忆。首先，这是我第一次担任特命全权大使的职务；其次，我有机会获得了中国国家元首的单独接见，而当天并非所有其他国家的同行们递交国书后都享受到了这样的礼遇。

　　之前，我曾有机会作为国家元首的陪同翻译见到中国领导人（2001 年至 2010 年间），或者在前任大使们递交国书时与其一同见到领导人，而这次，我则是与中国国家主席面对面坐在一起，近距离地讨论双边关系的现状和前景。与习近平主席的会见持续了 20 分钟。他在与我的谈话中确认，今年 5 月 7—8 日将访问哈萨克斯坦，与纳扎尔巴耶夫总统进行会谈，旨在

进一步巩固两国全面战略伙伴关系。对我这样一位年轻的新上任大使来说，要在4月26日哈萨克斯坦总统选举之后马上安排中国国家主席访问，而且是在刚到中国开始工作的两个月之后，这一切无疑具有重要的意义。

与习近平先生的交往给我留下了深刻印象。令我诧异的是，他对哈中合作状况的细节竟了如指掌。由于这次会见，我坚信，在实施"一带一路"战略的大背景下，哈萨克斯坦确实在中国的外交政策中占有着重要的位置。

会见中我强调，哈萨克斯坦关于加快工业创新发展的国家规划和"光明之路"新经济政策与建设丝绸之路经济带的"一带一路"倡议相对接，将推动双方在发展科技集约型生产、石油化工、煤炭化工、机械制造、能源、冶金、交通基础设施，以及油气设备生产、矿物肥料、农业技术、建筑材料等领域进一步深化合作。

然而，最让我惊讶的是习主席的真诚和充满温馨的亲切态度。我感受到了，这是在认真对待一位肩负国家特殊使命的人，这一使命是由习近平先生的好朋友——纳扎尔巴耶夫总统托付的。5月7—8日中国国家主席对哈萨克斯坦的访问，更像是老朋友之间的会面，大部分时间都用来促膝而谈。

在阿斯塔纳机场见面时，习近平先生认出了我，并向夫人彭丽媛女士介绍道："这位是哈萨克的新任驻华大使。"临走时，他握着我的手说："大使，北京见！"

哈萨克斯坦人民的忠实朋友

周晓沛

（中国中亚友好协会副会长，前驻哈萨克斯坦大使）

2005 年 10 月，当我从哈萨克斯坦离任回国时，纳扎尔巴耶夫总统紧紧握住我的手，深情地说："希望大使回国后继续成为哈萨克斯坦人民的朋友。"我点了下头，并用俄语补充了一句："да и верный друг（而且是一位忠实的朋友）。"

亲历中哈两国建交谈判

1991 年 12 月苏联宣布解体后，中国政府当即发表声明：本着不干涉别国内政、尊重各国人民选择的原则立场，愿同该地区各国继续保持和发展睦邻友好关系。随后，中国外长致电原苏联各国外长，告知中国政府决定承认其独立，并准备同他们进行建交谈判。

1992 年 1 月 2 日至 7 日，由时任对外经济贸易部部长李岚清率领的中国政府代表团一行 30 人乘民航包机经乌鲁木齐飞赴中亚五国。尽管那时苏联这个国家已不复存在，但我仍以外交部苏联东欧司参赞兼苏联处处长的身份随行。我们一天访问一个国家，每天商谈签署一个建交公报。

1 月 3 日下午，我们从塔什干飞抵哈萨克斯坦共和国当时的首都阿拉木图。因为总共只有 1 天时间，所以代表团抵达后并未休息，而是立马前往哈外交部，商谈有关建交事宜。田曾佩副外长简要阐述了中方来意后，哈方对中国政府"首批外交承认"表示衷心感谢，认为这是对新独立国家的"最大支持"。

在具体商谈建交公报时，哈方表示接受中方提交的文本草案，支持中国政府关于一个中国的原则立场，但希望能加上"可同台湾方面发展经贸联系"的内容。对此，我们不持异议，同意写入双方谅解备忘录。鉴于中哈之间还有悬而未决的边界问题，哈方提出增加一句"现有边界不可更改"。田曾佩指出，"维持边界现状"与"边界不可更改"是两个不同的概念，而且原中苏双方已达成协议，同意通过友好协商解决历史遗留的边界问题。经解释，对方同意暂时搁置这一问题。后来，哈国最先与我国签订双边协定，在互谅互让的基础上彻底解决了所有争议地段的边界问题。

关于建交公报文本，由于我们不懂哈萨克文，哈方同意使用俄文和中文，签字后同等作准。当时还没有笔记本电脑，加

之时间紧迫，我们只能连夜用钢笔手工誊抄公报文本。这在中国外交史上实属罕见。

次日上午，双方在哈国外交部签署建交公报。随后，纳扎尔巴耶夫总统在总统府接见了中国政府代表团成员，捷列先科总理等陪同出席。纳扎尔巴耶夫一开始就询问双方建交谈判的结果，哈国外长和李岚清团长分别汇报了有关情况。接着，纳扎尔巴耶夫回忆了不久前作为苏联加盟共和国领导人访问中国的情况，高度评价中国改革开放的成就，指出中国政府派代表团来访是有远见的决策，并对发展两国睦邻友好关系寄予厚望。

与纳扎尔巴耶夫总统的初次会见给我留下了深刻印象。这位原苏共中央政治局委员说一口流利的俄语，待人随和，目光炯炯有神，反应敏锐，显得精明老到。11 年后，我重新回到哈萨克斯坦向他递交国书时，还回顾了这段难忘的历史。

1992 年 1 月 4 日，纳扎尔巴耶夫总统会见中国政府代表团。

实现能源外交重大突破

2003 年 9 月，我从驻波兰使馆转到哈萨克斯坦工作。赴任前，国务委员唐家璇郑重交代说："你这任大使的一个重要任务，就是推动加快中哈原油管道建设，做好能源外交这篇大文章。"

到任第三天，我前往拜会哈萨克斯坦外长托卡耶夫。我们俩早已是老朋友了。上世纪 80 年代初我在莫斯科与他结识后，第一印象是此人务实、谦逊，好打交道。1985 年至 1991 年，他在苏联驻华使馆任二秘、一秘。1992 年 11 月，我作为副司长随同钱其琛外长访问哈萨克斯坦时，他已是主管副外长，见到我还叫"老周"。我用俄语说，现在你比我"старше"（有

周晓沛大使向纳扎尔
巴耶夫总统递交国书。

年龄大和职位高两个意思，此处为后者）。他谦虚地说：但我
还得称你为"老周"。

　　会见中，托卡耶夫首先表示，欢迎我这位有20多年交情
的老朋友来哈萨克斯坦工作。我直截了当地谈了中哈能源合作
的前景及今后的打算，强调这是两国领导人的重大决策，希望

他能与我一起共同推动完成这一世纪工程。托卡耶夫很痛快地表示同意，还称他曾当过总理，会在力所能及的范围内运用自己的影响给予帮助。

第五天，我向纳扎尔巴耶夫总统递交国书后，双方谈话的主要内容就是两国能源合作。我表示，11 年前曾有幸来哈参加两国建交谈判工作，这次的主要使命就是落实不久前胡锦涛主席访哈时与总统达成的重要协议，抓紧建设中哈原油管道这一"新的丝绸之路"。纳扎尔巴耶夫不仅完全赞同尽快建成哈中原油管道，而且主张铺设通向中国的天然气管道，并称据他所知，土库曼斯坦和乌兹别克斯坦总统对此也很感兴趣。

在第二次非正式会见中，纳扎尔巴耶夫总统谈到计划2004 年冬天访华，并询问什么时候比较合适。我说："阁下已有好几次都是冬天去北京，为什么不选择春暖花开的时候？而且，您与胡主席早日见面，可以及早敲定原油管道项目。"他当即表示，这是个"好主意"，并嘱咐站在一旁的外长，对访问日程进行调整。

第三次会见纳扎尔巴耶夫总统时，主要商谈访问时拟签署的有关文件。谈到原油管道项目时，纳扎尔巴耶夫表示，下半年即可开工，争取在 2005 年年底前建成。因为事先征求过中石油阿克纠宾公司总经理蒋奇的意见，我就主动提出，建议在2005 年 12 月 16 日哈国独立日前完工，作为节日的献礼。他听后很高兴，点头同意。

2004 年 5 月，应胡锦涛主席邀请，纳扎尔巴耶夫总统访华。我回国参加了有关接待工作。这次访问很成功，两国领导人就一系列重大问题达成共识，包括进一步加强能源领域的互利合作。访问期间，双方正式签署了关于共同修建阿塔苏至阿拉山口原油管道的基本原则协定。

周晓沛大使在中哈原油管道开工仪式上致辞。

经过双方努力，同年9月28日，在哈萨克斯坦中部小镇阿塔苏举行了开工仪式。中哈原油管道起点站设在一片荒漠之中，风沙很大。在临时搭建的主席台上，哈萨克斯坦能源和矿产资源部部长什科利尼克首先讲话，强调这项管道工程对哈具有重要的战略意义和经济利益，它将哈中西部丰富的石油资源与中国不断发展的广阔能源市场连接在一起，标志着哈能源输出多元化战略迈出了关键一步。我在致辞中强调，在中华人民共和国成立55周年前夕，历史上第一条中哈原油管线正式开工具有重要象征意义，希望在2005年哈萨克斯坦国庆前能顺利完工，并深信这条输油管道将成为中哈人民友谊的纽带，成为密切两国务实合作的桥梁。接着，大家来到中哈原油管道零公里标志牌前合影，并观看两国工人现场演示管道焊接技术。最后，我们一起到工地的帐篷内喝香槟庆贺。

哈萨克斯坦冬季最低气温达零下40多摄氏度，一年中实际施工时间只有8个月。对一条长达1000公里的跨国大口径石油管道的建设来说，工期的紧张程度可想而知。我方施工地段多为沼泽带，挖沟、铺管的难度都很大。为了保证按时完工，经与中哈石油管道公司中方总经理孟繁春商量，我们决定邀请哈方总经理一起赴施工现场，了解工程进度并慰问工人。

9月初，我们一行从阿拉木图出发，乘米-8直升机向北飞到巴尔喀什湖地区。当地的市长在机场迎接。刚下直升机，我就接受了媒体采访，指出历史上两国都是丝绸之路上的重要国家，如今的中哈原油管道是两国人民友好合作的象征。到达总部后，先听取哈方公司负责人的汇报，然后再乘直升机到实地考察。向我们介绍情况的施工队长是一位德国人，懂俄语，其队员由哈、俄、德等八个国家的工程人员组成。他们采用自动化焊接技术，平时平均每天焊接 1600 米的钢管。前天是哈"石油工人节"，他们创下了一天焊接 3200 米钢管的新纪录。我询问道，你们采用的是哪个国家生产的钢管？队长说，他们使用的都是中国钢管，质量很好，他们非常满意。

周晓沛大使考察中哈原油管道建设工地。

第二天，我们乘直升机沿着管线从西向东飞行约500公里，抵达阿拉湖附近的乌恰拉尔中国管道工人营地。尽管周围的条件不是很好，但营地内的小环境却完全是另一番天地。营房井然有序，生活设施齐备，最吸引眼球的是中央的一片绿草地。当晚，我们在会议大厅听取了情况汇报。

第三天一早，我们又飞到中哈边境地区阿拉山口对面的德鲁日巴口岸。直升机降落在路旁的沙漠上，然后，我们驱车进入两国边境哈方军事区内，考察了中方施工现场。这是一个风口地带，经常飞沙走石。中国管道工人斗志昂扬，全部机械化作业，正在进行管道下沟施工。地沟挖得又深又直，堆放在一旁的钢管及其他杂物都整整齐齐。哈方陪同人员不时点头称赞。

考察期间，除对双方公司领导和管道工人的辛劳工作、优良施工表示感谢外，我要求他们务必按期、高效、保质完成管道铺设工作，强调这是一项光荣的政治任务，只能提前，不容半点延误。为予鼓励，我还代表使馆向他们分别赠送了北京老白干、红双喜香烟、龙井绿茶和移动 DVD 机及影片光盘。

为了保障中哈管道建成后的输油量，中石油决定收购加拿大控股的哈萨克斯坦 PK 石油公司。就在双方准备签订协议的节骨眼上，哈一位议员对媒体发表讲话，呼吁反对政府出售PK 公司。为保证收购继续进行，除同该议员进行沟通外，我先后约见哈总理、外长及议会党派领袖，争取对方理解和支持。但此事最终仍需由哈总统拍板定案。我想，刚好利用辞行拜会之机，着重谈一下这个问题。

会见时，纳扎尔巴耶夫总统讲了一番临别好话后，便站起来向我授予"共和国荣誉证书"，然后握完手就准备离开。我赶紧说，总统阁下，我还有重要事情向你汇报。他又重新坐下。我说，就在一个月前，我沿着中哈原油管线进行了实地考察，两年前阁下交代的修建管道的任务按期完成已经没有任何问题。为了保障足够的油源，中方准备收购 PK 公司，恳请总统给予支持，以让我这任使命画上一个圆满的句号。讲到"圆满的句号"时，我有意加重了语气。纳扎尔巴耶夫听后笑了笑说："没有问题。"当时就我们两人在场，我又确认了一遍："能否这样报告北京——贵国政府已经同意？"他答："可以。"我一下子感到如释重负。

建设丝绸之路新驿站

2003 年 9 月，李肇星部长在与我进行赴任谈话时指出：古代的丝绸之路就经过中亚地区，在历史上产生了积极的影响。在新形势下，怎样复兴丝绸之路，扩大同中亚的文化交流，进一步加强人民之间的相互了解，这也是外交上的一项重要工作。

2004 年初，我去拜会哈萨克斯坦国立图书馆馆长阿乌埃佐夫。我们 12 年前就已相识，他曾任驻华大使，是哈国内为数不多的汉学家之一，在文化界颇有影响。哈国立图书馆坐落在阿拉木图市中心，每天前来借阅图书的读者有约 2000 多人。阿乌埃佐夫在门口迎候，一位哈萨克姑娘向我献花。参观图书馆的藏书和阅览室后，我表示：本人想在加强两国文化交流方面做些事情，希望老朋友指点帮助。同时，图书馆方面如有什么需要，我也愿意效劳。

阿乌埃佐夫说，作为首任驻华大使，他怀有中国情结。虽然有时也发表某些批评意见，但真心愿意看到两国友好合作。他有点缺憾地说，偌大的一个国立图书馆，有关中国的图书却寥寥无几。如果大使能提供帮助，他会非常感谢。我马上表态，说没问题，下个礼拜就可将图书送来，而且还包括最新的中国报纸和杂志。阿乌埃佐夫听后很高兴，说可以搞一个专柜，摆放中国书籍。我说，一个柜子肯定放不下，能不能开一个"中国文化角"？他表示赞同，并吩咐陪同会见的一位女副馆长落实此事。告别时，我们约定下周再见面，具体商讨有关方案。

一个星期以后，我们带着几箱使馆保存的图书和报刊来到图书馆。馆长领着我们到了一楼左侧的一个约30平方米的办公室，说这就是"未来的中国文化角"，并展示了设计草图。我对馆长的工作效率表示敬意，但嫌房间小了点，提出最好换一个大些的地方。因为上次来时，我就注意到雪佛龙跨国石油公司网络中心的位置很显眼，地处大厅中央，约有90来平方米。我问馆长，能不能将与其相邻的一间房子辟为"文化角"，来个中美"和平竞赛"？馆长觉得这个想法很有意思，但需同负责行政的副馆长商量后再作决定。过了两天，馆长打电话来说，他们同意我的设想。我说，今天下午就带中国的工程师去现场规划设计（当时，国内派来的工程队正在对使馆进行装修）。

经双方当场研究，决定由哈方负责在两周内将房间腾空，中方进行改造装修，一个月完工。"文化角"的大体构想是：房间中央是长城挂毯，左侧为书架，右侧为展柜，右上方朝外悬挂等离子大屏幕电视，中间摆放三张电脑桌。馆长建议，在进门的地方摆上沙发茶几，来宾可以一边品尝中国绿茶，一边观赏中国电视片。我说，这是个好主意，绿茶可由我们使馆保障供应。馆长兴致很高，他说："论规模，这已不只是一个'文化角'，而应称为'文化中心'。"我接过来说："那我们就一致将其命名为'中国文化中心'吧！"大家都表示赞同。

2004年春天，经过紧张的准备，中国文化中心已初具规模。考虑到中共中央政治局常委李长春同志即将来访，双方商定届时再正式揭牌。5月中旬，我回国参加高访接待工作期间，专门向李肇星部长汇报了有关文化中心的工作，并请他题字。李部长摇了摇头说，现在题字可不行。我说，外宣不一样，为了扩大中国文化中心的影响，外长应予支持。李部长犹豫了一下，见我纸笔都准备好了，就说："算了，破一次例吧！"他先写了一张，觉得不太满意，又挥笔写了一次，然后让我挑一张。我说："你留着也没用，都给我吧！"

6月下旬，李长春同志率中国共产党代表团访问哈萨克斯坦，出席了中国文化中心揭牌仪式。仪式就在文化中心门前的大厅里举行，哈政府、议会领导人和文化学术界及新闻界代表约200人出席。李长春同志亲自为中国文化中心揭牌，国务院新闻办公室主任赵启正剪彩。哈文化部长卡谢伊诺夫致贺词，回顾了哈中友好合作的历史，强调中国文化中心的成立对哈是一件大事，是为促进两国文化交流和两国人民相互理解迈出的重要一步。我在讲话中指出，两国传统友谊源远流长，古代的丝绸之路就经过阿拉木图，今天我们共建这个文化中心，就是要使文化交流成为连接中哈两国人民友谊的新丝路。李长春同志参观文化中心后，接受了哈方记者的采访。他表示，中哈双方共建中国文化中心，这是一件很有意义的事情。文化中心也是一个"驿站"，是建设现代丝绸之路的一项重要举措。哈媒体对中国文化中心揭牌盛况进行了广泛报道，认为中心的开办使哈人民有了了解中国的"窗口"，尤其对青年人了解自己的邻居有特殊意义。

7月中旬，我再次约见阿乌埃佐夫，商谈进一步完善并扩大中国文化中心规模等问题。他说，文化中心在哈国内尤其是在知识分子和青年学生中引起了巨大反响，每天来查阅资料、观看中国电影及参观的人络绎不绝，他们还提出各种要求，包

哈媒体关于中国文化中心的报道

括希望开办中文培训班和有关中国的知识讲座等。负责中心日常管理的图书馆工作人员说，除阿拉木图外，其他地区的读者也越来越多。如卡拉干达州的中学老师专门带了十几名学生乘火车来中心参观，并集体观看中国电视剧；还有不少学校来电话询问有关详细情况。我说，使馆也接到许多电话，要求开办中文学习班。经过协商，双方一致同意先着手充实现有的图书，邀请双方学者举办汉语、中国文化系列讲座，并尽快开辟电子阅览室。

馆长还让我们看了一个大厅，有 500 个座位。他说，这是苏联时期的俱乐部，已经好久没有使用了，可以考虑改为放映厅。我当即表示同意。这样，电影厅的问题也解决了。文化中心的建设还得到了国内各有关部门的积极支持和配合，新闻出版总署很快发来了 1 万册新书，国务院新闻办和广电总局提供了一批电脑和 DVD 机及光盘，文化部还拨专款配备了一台 32 毫米电影放映机。

2005 年 7 月，胡锦涛主席应邀第二次对哈萨克斯坦进行国事访问。会见中，纳扎尔巴耶夫总统谈到加强双方人文合作时表示，在阿拉木图设立的中国文化中心很好，哈方希望在北京也能开设哈萨克斯坦文化中心。胡主席当场表示支持。双方还达成在阿斯塔纳建立孔子学院的协议。就在这次重要访问中，两国领导人正式宣布建立中哈战略伙伴关系。

不想对哈国朋友说再见

我在哈萨克斯坦工作了两年零一个月，哈国及其人民给我留下了美好的印象。

在突厥语中，"哈萨克"是指"自由之民"，"斯坦"是"国家"或"地方"的意思。哈萨克人本是游牧部落，长年逐水草而居，食肉饮酪，随风放歌，被称为"马背上的民族"。哈萨克人热情好客，性格粗犷，对马情有独钟，视其为最忠诚的朋友。与此同时，马肉也是当地人日常生活和节日餐桌上不可或缺的一道美味佳肴。刚到哈萨克斯坦时，哈方朋友对我说，他们喜欢吃肉，食肉量为世界第二。我问："谁是第一？"他们答："那是狼。"

我原先不喜欢吃羊肉，但入乡随俗，也逐渐习惯了。当地人每次招待贵宾时，几乎都少不了一道他们的特色民族菜——哈萨克式手抓肉。香喷喷的羊肉，再佐之以用木勺盛在特制木碗内的"索尔帕"羊肉清汤，那才叫原汁原味。大块未完全切开的羊肉煮熟后端上桌，主人亲自把肉切成小块递给每位客人享用：盆骨和小腿肉给德高望重的长者，胸脯肉给女婿或儿媳，颈椎骨分给姑娘们，而给最尊贵的客人要先献上用特殊方法制作的羊头。哈前总理捷列先科还曾专门用羊肉宴为我接风。初次面对盘中的羊头，我束手无策。他亲手教我用小刀将额头上的一层薄皮片下留给自己，说这是最好吃的一块。后来我才知道，按哈族正规习俗，客人应先割一块面颊肉回敬主人家年龄最大的长者，再割一块羊耳朵给年龄最小的孩子，然后自己随便割一块，再将羊头还给主人。这时宾主围坐在一起，一边大口食用盘中的羊肉，一边尽情畅饮主人家酿的马奶酒。

　　马背上的民族早已今非昔比。哈萨克斯坦拥有得天独厚的自然资源优势，号称门捷列夫元素周期表上的所有矿物元素在这儿均可找到。哈国独立后各方面都取得了长足进步，人均GDP达1.4万美元，多项经济指标在独联体国家中名列前茅。根据本国国情，哈萨克斯坦领导人提出"先经济、后政治"的改革发展模式，积极探索"哈萨克斯坦道路"。有俄罗斯学者认为哈萨克斯坦的发展模式是原苏联地区最成功的模式之一，称其为中亚乃至整个亚洲的一个"稳定之岛"。

　　中哈两国睦邻友好关系源远流长。哈萨克人的祖先属古代的乌孙国。公元前139年和前119年，张骞受汉武帝派遣两次出使西域，并同乌孙国建立了联系。公元前105年和前72年，中国西汉细君公主和解忧公主先后远嫁乌孙王，结下了不解之缘。12世纪，途经锡尔河流域和今哈萨克斯坦南部，由中国

通向西方的"丝绸之路"商道已经形成。从16世纪下半叶开始，
"以丝绸换马匹"的经贸往来焕发生机，重现了大漠孤烟中"驼
铃声声，马蹄阵阵"的独特风景。历史上的丝绸之路把中哈人
民紧密地联系在一起。

　　2005年10月，当任满即将离开哈萨克斯坦时，我在使
馆举行了告别招待会。哈萨克斯坦外长托卡耶夫等各界官员和
朋友应邀出席。托卡耶夫先用中文致辞，然后再说一遍俄文。
他肯定我在哈萨克斯坦的工作，并对我离任表示惋惜。我先讲
了两句哈萨克文，接着用俄文发表了告别讲话：

　　两年前，命运让我来到了哈萨克斯坦。当然，这并非偶然。
要知道，13年前我曾来过这里，参加过与刚刚独立的哈萨克
斯坦共和国的建交谈判。

　　这些年来，你们国家发生了巨大变化。给我留下印象最深
的是，贵国经济蓬勃发展，各民族和睦相处。这证明，"实现
了团结，就会出现繁荣"（纳扎尔巴耶夫总统语）。

我们一家的哈萨克情缘

　　正如大家所知，最近两年在我们两国关系中有过许多重要事件。今天，我只想强调以下几点：一是中哈之间的政治互信达到了很高的战略伙伴水平；二是两国经济贸易关系发展迅速；三是中哈两国历史上第一条原油管道顺利竣工，这是连接两国和两国人民的新丝绸之路；四是阿拉木图开设了中国文化中心，哈萨克斯坦朋友通过这一窗口可以了解东方邻居的古老历史和现代生活。

　　在结束外交使命之际，我诚挚地感谢所有理解和支持我工作的哈萨克斯坦朋友。在这不寻常的时刻，我想起了哈萨克伟大思想家阿拜的一句名言："每个人都应将别人看成是自己的朋友。"这不仅是神圣的生活信条，而且也应是外交工作的一个基本原则。

离开这美丽的土地，我不想说"再见"，因为我实在不愿与朋友们分手。遗憾的是，我来不及做完自己本可完成的更多工作。但对于外交官来说，轮换是一条必须遵循的定律。在离开莫斯科、基辅、华沙之后，很高兴能在与我国更近的邻邦哈萨克斯坦为我的外交生涯画上句号。

现在，我可以平静地对你们说："科什鲍雷内兹达尔！"（哈语"再见"）朋友们，我在北京等待你们。"拉赫麦特！"（哈语"谢谢"）

讲完后，我的眼眶湿润了。大厅里响起掌声。哈萨克斯坦朋友们纷纷上前与我热烈拥抱，并说"我们一定再见"。

确保圣火传递万无一失

2008年北京举办奥运会之前，有一天我突然接到外交部的通知，说第二天让我率领一个安保小组前往哈萨克斯坦。我放下电话，就赶紧跑到部里，了解有关具体情况和任务。

阿拉木图是奥运圣火境外环球之旅的第一站，还有不到一周时间圣火就将到达这里，外交部要求无论如何必须确保传递安全"万无一失"。圣火将在阿拉木图进行六个小时的传递，路程约19公里。我们小组连夜制定了具体工作方案，重点是火炬传递开幕式和庆祝大会的两个主会场以及沿途街区密集路段。对现场进行细致考察和踏勘之后，我们会同当地安全部门一起研究分析，完善安保方案。对方也高度重视，并通报说纳扎尔巴耶夫总统将出席开幕式，亲自担任第一棒的火炬手。因此，我们认为，在麦迪奥高山滑冰场举行开幕式安全会有保障。当时最为担心的是市中心的主会场。这是一个开放式广场，周围还有高楼。对方接受设立内外安保防线及核心区的建议，但不同意设置安检门。经请示后，我未再坚持，但要求对方务必加强对可疑分子的监控措施。

在火炬传递的前一天傍晚，我们又前往市中心检查，但现场已被封闭。我递给站岗的警察一张名片，让他报告上级，说中国大使要见他们的负责人。没一会儿，一名上校警官来了，老远就向我敬礼，并说以前在电视上见过我。在他的陪同下，我们又仔细查看了一遍现场布防情况。离开时，这位警官向我保证说："大使同志，请放心，一切都在我们掌控之中！"

为了方便市民一睹奥运圣火风采，4月2日全市放假一天。阿拉木图市主要街道都张灯结彩，宣传北京奥运会的广告牌随处可见。市民们热情很高，穿着艳丽的民族服装，一早就聚集到火炬传递的街道两旁。我们步行到达时，庆祝大会现场已经人山人海了。

纳扎尔巴耶夫总统接力奥运火炬。

因为"中国大使"的身份，在会场内包括核心区我可以畅通无阻，还不时有人与我打招呼，毕竟我离开这儿才两年多。转了一圈，当经过主席台前时，我被哈国奥委会主席发现了，他跑下来请我上台一起观摩，并安排我坐在市长旁边。市长说，今天是阿拉木图全体市民的节日。选择该市作为北京奥运圣火境外传递第一站，这是他们的光荣，肯定会圆满成功。

此时，会场的大屏幕上出现了哈国总统高擎火炬跑出起点的特写镜头。纳扎尔巴耶夫总统在致辞中指出：奥运圣火的传递，有利于世界文明的交流。在全世界的见证下，多民族的哈萨克斯坦向奥运圣火献上自己的祝福。哈萨克斯坦为此感到自豪，感谢中国的友好情谊。

当2000年悉尼奥运会拳击冠军伊布扎莫夫手持祥云火炬

中国百位大使递交国书纪念封之驻哈大使周晓沛递交国书。

跑入广场时，现场数万观众发出了雷鸣般的呼喊声，一片沸腾。"你好，北京"、"北京，好运"的声浪此起彼伏。当文艺演出结束，广场上的圣火盆渐渐熄灭，承载奥运圣火的专机安全飞离，整个传递过程没有发生任何事故，我一直悬着的心也终于落了下来。

2006 年从外交第一线退下来后，作为中国中亚友好协会副会长，我曾重返哈萨克斯坦，并接待来访的哈国朋友，都感到格外亲切。我还与哈萨克斯坦驻华使馆的同事一起开辟了签证"绿色通道"，推动中国企业家顺利走进哈国，共创丝绸之路新辉煌。在一次欢迎纳扎尔巴耶夫总统访华的国宴上，我向坐在人民大会堂宴会厅主席台上的总统招手致意，他也微笑着向我点了下头。令人感动的是，2012 年纳扎尔巴耶夫总统亲自签署证书，授予我"哈萨克斯坦独立 20 周年"奖章。

在羊年喜洋洋之际，我特意寄给总统阁下一张不同寻常的春节贺卡——向纳扎尔巴耶夫递交国书纪念封，祝福这位深受尊敬的中国人民的老朋友羊年大吉。我知道哈萨克斯坦人喜欢蓝色，故按其民族习俗，在俄文中将"золотая коза"（金色山羊）写成"синяя овца"（蓝色绵羊），但愿吉上加吉！

中国与哈萨克斯坦的丝路不解缘

周剑峰

（中国外交部欧亚司随员）

记不得这是第几次西行赴哈萨克斯坦了，然而这一次，却有着别样的意义和期待。

舷窗外，橙红色的夕阳在地平线上不舍地望着墨蓝天际中皎白的月亮。暮色中的大地，山峦在起伏跳跃，河流在蜿蜒奔腾，湖泊和绿洲点缀其间……千百年来，这片土地上的人民克服重重艰难险阻，凭着勇气和双腿征服了高山、荒漠、战乱和死亡，开辟了闻名遐迩的丝绸之路。从持节的使者到雄壮的军队，从和亲的公主到繁荣的商队，中国丝绸、瓷器和茶叶给各国人民带去的不只是财富，还有中国对和平、友谊和繁荣的追求。丝绸之路的历史，也是中国同沿线各国之间沟通和了解逐渐加深、友谊和感情不断发展的历史。其中，中国和哈萨克斯坦两国和两国人民间的深厚情谊，既贯穿着丝绸之路的历史，更有着一段不解之缘。

汉建元三年（公元前138年），雄才大略的汉武帝面临北方兵强马壮、虎视眈眈的匈奴，苦思对策。当闻听大月氏被匈奴攻杀、向西逃亡的消息，汉武帝便立即下令招募能人志士，深入西域，意图联络其共拒匈奴。最终领命前往的年轻郎官，便是后来凿空西域、开辟丝路的博望侯张骞。当时的西域，是一片路途遥远艰险、民风剽悍复杂的未知之地。行程未半，张骞和随从们便被匈奴铁骑俘虏，押往匈奴王庭。匈奴单于得知张骞西行的目的后，一面派人严密看管着他，一面为其娶匈奴

女子为妻，企图诱降张骞。张骞坚贞不屈，整整十年始终保持着汉朝使者的气节，终于等到时机逃离匈奴，继续西行，在大漠深处找到了逐水草而居的大月氏。大月氏，正是哈萨克民族最古老的族源部落之一。

张骞回国途中，详细记述了西域乌孙、康居、大宛、大夏各国的山川地理和风土人情。回到长安后，他向汉武帝作了详细汇报。其中，张骞着重介绍了乌孙国西迁到伊犁河畔后，已与匈奴兵戎相见的具体情况，建议联络乌孙共同抵抗匈奴，这就是"断匈奴右臂"的著名战略。根据记载，乌孙"去长安八千九百里，胜兵十八万，与匈奴同俗，国多马，民刚恶，最为强国"，是当今哈萨克族谱系中的核心部族之一。汉武帝遂封张骞为博望侯，派其率大队人马，携千万金银、丝绸、牛羊等礼品第二次出使西域，联络乌孙等西域国家共拒匈奴。

张骞以刚毅坚强的性格和诚恳开阔的胸怀，赢得了各国人民的尊敬和信任。各国把张骞之后汉朝往来西域的使者都称为博望候，而乌孙、康居等西域国家也开始派出使节循着张骞的来路逐渐开始了同中国的交往。"闻道寻源使，从此天路回"，千百年后辉煌繁荣的丝绸之路，冥冥之中就诞生在中哈两国先辈使者的脚下，与中哈两个国家和民族的相识相知结下了不解之缘。张骞勇于开拓、赤诚宽厚的精神，也成为其后千百年中国同西域各国友好交往中最富有生机的萌芽，贯穿了丝绸之路的历史和发展。

夜幕渐渐低垂，机舱中传来哈萨克斯坦空姐的介绍，原来机身下那片弯月般、墨绿色的湖泊，就是著名的巴尔喀什湖。自中国流入的伊犁河和湖区特殊的地质构造，使巴尔喀什湖东西两半湖水呈现出一半深绿、一半浅蓝的奇异景象。《红楼梦》有云，"女人是水做的"。此刻我不禁想到了丝绸之路历史中三个命途多舛但结局迥异的女人，一位是如蓝色东湖一般忧郁深沉的细君公主，一位是如绿色西湖一般明丽开朗的解忧公主，另一位是如伊犁河一般不断带来活力的冯夫人。

地处丝路要冲和汉匈之间的乌孙，无疑是当时汉朝和匈奴都极力想拉拢的重要力量。为此，汉武帝派张骞二度出使西域

巴尔喀什湖

来到乌孙，除重金厚礼外，还带来了汉朝愿同乌孙和亲、结为兄弟之邦的消息。乌孙王立刻派人携重礼赴长安，迎娶回汉武帝的亲侄孙女——江都王刘建之女刘细君，史称细君公主。细君公主身份高贵、仪态端庄，却无法摆脱政治婚姻和语言习俗迥异带来的苦闷。她曾上书汉武帝希望返回中原，但却只能手捧一封"从其国俗，欲与乌孙共灭胡"的回信郁郁而终，永远将香魂留在草原。

细君公主死后，汉朝继续着和亲乌孙、共拒匈奴的政策，重任落到了当时楚王的孙女——刘解忧身上，这就是著名的解忧公主。解忧公主不仅出身高贵，更难得的是其性格乐观刚强，对自己赴乌孙和亲所承担的家国重任有充分的认识。解忧公主嫁乌孙王后被封为右夫人，地位仍低于被封为左夫人的匈奴公主，但解忧公主凭借自己的聪慧乐观和善解人意，在其后近半个世纪里影响了数代乌孙国王，使他们亲汉远匈。匈奴发兵攻伐乌孙时，她修书汉朝求援，搬来 15 万大军同乌孙共同打败了强悍的匈奴；匈奴公主所生王子继承王位后欲瓦解汉朝同乌孙的"兄弟之盟"，她通过自己在乌孙的地位、影响，联合各派势力，以高超的政治手段力挽狂澜……解忧公主先后嫁了乌孙三位国王，历经四朝变迁，以一介红颜担起两国数十年的和平安宁和繁荣发展。晚年她回归故土，汉宣帝以极高的礼仪迎回了这位大汉的功臣，以对待汉朝公主的规格将她安置在长安的宫殿中颐养天年。

值得一提的是，随解忧公主一同来到乌孙的侍女冯嫽，聪慧善良、知书达理，到乌孙数年后便通晓当地语言，熟知西域诸国风土民情，成为解忧公主劝说乌孙王室亲汉远匈的得力助手。乌孙王子乌就屠的母亲是当年匈奴派来和亲的左夫人，他继位后，匈奴便联络他并暗中派兵乌孙，准备清除乌孙国内以解忧公主为代表的亲汉势力。危难时刻，冯嫽受解忧公主之命亲往乌就屠军中悉心劝慰、晓以利害，最终劝服乌就屠接受汉朝封号，巩固了汉朝和乌孙的友好关系，立下大功。汉宣帝得知后，破例召见冯嫽。冯嫽自乌孙抵达长安，向汉宣帝面陈乌孙等西域各国的山川地理、风俗人情和各国、各派系之间的渊源、利害，无一不清。汉宣帝大为赞赏，册封冯嫽为汉朝使节，持节杖、乘锦车，遍访西域诸国。各国君臣见汉朝女使落落大方，礼仪辞令合规有度，连翻译都不用，惊奇之余都交口称赞，心悦诚服。冯嫽用自己的才干奔走斡旋，将汉朝恩威教化远播西域，各国君臣都尊称冯嫽为"冯夫人"。

头顶的星空，脚下的黄沙，千年来见证了丝绸之路几度兴衰。三位美丽的女子，将一生最美好的青春年华都献给了乌孙古国和丝绸之路。她们虽不曾征战沙场，也不曾明典治国，但她们的贡献永远都被世人铭记。汉朝同乌孙等西域各国友好和睦的关系使和平与繁荣取代了战争与杀戮，汉朝同西域的贸易往来空前繁荣：乌孙、大宛的骏马、美酒和宝石被运到了汉朝，而汉朝的丝绸、茶叶传到西域诸国，再到中东的安息（波斯）和更远的大秦（古罗马）。使节、商人、僧侣、教士的不断往来也让东西方不同文明间的交流更加紧密，情谊更加深厚。对于中国而言，西出阳关不再无故人，而有了豪爽奔放的哈萨克朋友备下的佳肴和美酒；对于哈萨克而言，雄鹰乘着万里长风，飞度玉门关后到达的是辽阔无垠的海洋。哈萨克草原各个游牧部落和国家在隋、唐、宋、明、清等朝，通过结盟、联姻、朝觐、通商等方式与中国保持密切联系，成为丝绸之路西出中国后联通欧亚地区的重要枢纽。沟通带来了解，了解带来信任，信任带来和平，和平带来繁荣。千百年来，中哈两国那份由丝绸之路而起的不解之缘，早已在两国人民祖祖辈辈生活点滴的灌溉滋润下，由萌芽而不断茁壮，

开枝散叶、由木成林，一代代传承下去。

　　随着飞机的一阵震颤，机舱指示灯亮起，空姐轻柔地用俄语向乘客们解释着飞机由于遭遇气流而产生的颠簸。丝绸之路不仅给两国人民带来共同的繁荣富庶，也勉励着两国人民在战争与动乱中一起勇敢前行。第二次世界大战爆发后，法西斯的铁蹄踏过大半个地球，无数生灵涂炭。创作了《黄河大合唱》、《在太行山上》等脍炙人口的作品，激励无数中国军民奋起抗日的著名音乐家冼星海，在从苏联回国途中因新疆军阀割据被迫滞留阿拉木图，居无定所、贫病交加。在一次国际音乐会上，冼星海遇到了哈萨克著名音乐家拜卡达莫夫。当时两人语言不通，生活也都十分窘迫，但同为丝路的儿女，千百年来流淌在血液里的善良、友谊和对胜利、和平的追求使两人一见如故，结为挚友。战争时期，各类物资供应极其短缺，拜卡达莫夫家中有 8 口人，全家一天的粮食配给只有 600 克黑面包。在如此艰难的条件下，拜卡达莫夫仍克服巨大的经济和政治压力，把身患重病的冼星海接到家中悉心照料。在哈萨克朋友的帮助下，冼星海在阿拉木图度过了一段艰难但奋进的岁月。从他手中飞扬出一个个充满魔力的音符，跨越了民族、语言和国家的界限，谱成了一曲曲真正的英雄赞歌，鼓舞着一批批战士勇敢地走上反法西斯战争的前线奋勇杀敌。在阿拉木图的一年多时间里，冼星海完成了《民族解放交响乐》、《神圣之战》、《满江红》、《阿曼盖尔德》等优秀作品，永远地被中哈两国人民铭记在心。冼星海离开阿拉木图后，哈萨克人民为纪念这位优秀的中国音乐家和真挚的朋友，在阿拉木图修建了冼星海纪念碑，并用他的名字命名了阿拉木图市的一条大街——即今天的冼星海大街，和相邻的拜卡达莫夫大街一同作为中哈友谊的象征被世人铭记。同甘苦、共患难、心连心，冼星海和拜卡达莫夫用生命凝结成的这份友谊，无愧于这个评价；在战火和困顿考验下互相支持、共同奋战的两国人民，无愧于这个评价。

机舱中的指示灯亮起，机长在广播中通知飞机开始下降，哈萨克斯坦年轻的首都——美丽的阿斯塔纳渐渐出现在地平线上。苏联解体后，哈萨克斯坦作为一个独立国家，走过了艰难而曲折的发展道路。在努尔苏丹·纳扎尔巴耶夫总统的领导下，哈萨克斯坦没有盲信休克疗法和自由民主的"神话"，而是通过艰难探索，走上了一条符合哈萨克斯坦国家和民族利益的发展道路。独立 20 多年来，哈萨克斯坦历经独立、裁军、弃核、迁都、改革，远离民族宗教矛盾，克服金融危机，绕开"颜色革命"，逐渐成为欧亚地区有实力、有担当的大国。而中国始终是哈萨克斯坦发展道路上的好邻居、好朋友、好伙伴。20 年来，中哈两国关系不断发展，人民相亲相近，在发展中携手共进，在困难时相互扶持。牛顿说，我之所以能看得更远，是因为我站在巨人的肩膀上。中哈关系能达到今天历史性的高水平，铭记着漫漫历史和芸芸众生中每一段中哈友好交往的美

2014 年 6 月 24 日，习近平主席在北京人民大会堂会见来华参加夏令营活动的哈萨克斯坦纳扎尔巴耶夫大学师生。（供图：中新社）

谈佳话。

　　飞机降落、停稳，满眼都是飘扬的中国红和哈萨克蓝。明天，中国新一代国家领导人——习近平主席将第一次踏上哈萨克斯坦的土地。这一刻，我如此真切地触摸到了中哈世代友好这个"巨人"的力量和高度，这是中哈两国先辈千百年来沉淀在历史长河中的宝贵财富，是我们骄傲的过去和辉煌的现在。而习主席此次到访，将会给哈萨克斯坦和中亚的土地带来怎样的未来？来不及多想，我便投入了紧张繁忙的访问筹备工作，但我知道，明天，就在明天。

　　2013 年 9 月 7 日，我有幸作为听众走进了纳扎尔巴耶夫大学的礼堂。上午 10 点 30 分，在全场热烈的掌声中，习近平主席在纳扎尔巴耶夫总统陪同下，缓步走上演讲台，向台下嘉宾致意。随后，便诞生了题为"弘扬人民友谊，共创美好未来"的重要演讲。习主席在演讲中娓娓道出古丝绸之路的悠久历史和沿线国家通过交流合作创造的辉煌成就，盛赞中国同中亚各国的传统友好并全面阐述了中方的睦邻友好合作政策，收获了阵阵掌声。不仅如此，习近平主席还在演讲中提出了运用创新合作模式、共建丝绸之路经济带的伟大倡议。

"丝绸之路经济带"，是丝绸之路这条和平与繁荣之路上千年之后的又一次丰收，它不仅承载着中哈千年以来的不解之缘的点点滴滴，同时也向其余古丝路沿线国家和全世界宣示了中国对未来世界和地区发展的理念。发扬古丝绸之路开放、自由、合作、共赢的精神内涵，推动各参与国实现经济政策协调，开展更大范围、更高水平、更深层次的区域合作，实现和平、繁荣和共同发展——共建丝绸之路经济带的伟大倡议在当前世界多极化和经济全球化的大背景下，无疑具有特殊的时代意义。而这样伟大的倡议，理应诞生在一个伟大的国家，不仅是伟大，更必须能够最完美地向世人诠释古丝绸之路的成就和精神，最真切地展现古丝绸之路带来的友谊和福祉。从这一点上看，建设丝绸之路经济带的伟大倡议诞生在哈萨克斯坦，是众望所归，更让绵延千年的中哈丝路缘再一次展现了它的魅力。

演讲刚结束，这一伟大倡议便吸引了全世界的关注：哈萨克斯坦总统纳扎尔巴耶夫当即表示，哈方完全赞同习近平主席提出的建设"丝绸之路经济带"的战略构想，愿同中方加强经济、交通、人文互联互通，共同构筑新的丝绸之路；欧亚地区古丝绸之路沿线上的乌兹别克斯坦、塔吉克斯坦、巴基斯坦、伊朗等国家也都纷纷表示明确支持。经久不息的掌声中，千百年来丝绸之路所代表的团结互信、平等互利、包容互鉴、合作共赢的精神，在此刻再一次焕发出新的光彩。作为一个幸运儿，我不再为没能亲历那一段段令人神往的历史而感到遗憾，因为此刻我见证的是充满期待的未来。对我而言，这不仅是一段值得骄傲的回忆，更是一份沉甸甸的责任。中哈两国的丝路不解缘，还将延续下去，而我和哈萨克斯坦的缘分，才刚刚开始。

生活在哈萨克斯坦的东干人

胡振华

（中央民族大学博士生导师、教授，中国中亚友好协会顾问）

　　哈萨克斯坦是中国的友好邻邦。早在苏联解体以前，我就应邀访问过那里；哈萨克斯坦宣布独立后，我又多次前去出席国际研讨会和进行民间交流。热情友好的哈国各族人民给我留下了一个又一个深刻难忘的故事。在这里，我介绍一下生活在哈萨克斯坦共和国的东干人的故事。

来自中国的"老回回"

　　哈萨克斯坦共和国是一个多民族的大家庭，其中包括一个叫"东干"的民族。他们的祖辈是 19 世纪下半叶中国西北回民起义失败后被迫迁移到中亚的陕西、甘肃和新疆回族的后

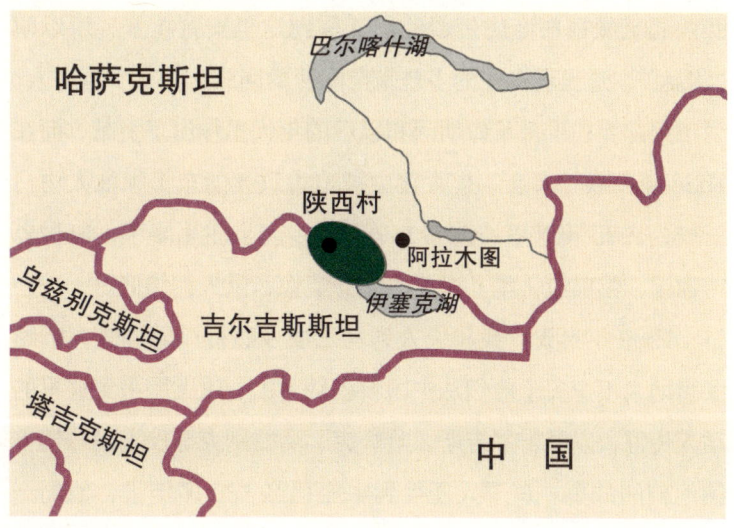

哈萨克斯坦的"陕西村"位置示意图

裔。"东干"这个族名是1924年苏联进行民族地区划界时由政府确定的。据说，"东干"一词来自地名"东岸子"。但年老的东干人多异口同声地说，他们是"老回回"或"中原人"。

东干人主要居住在阿拉木图市西南方向350公里的马三成乡，位于楚河北岸8公里。这里哈萨克语的名字叫"卡拉库努斯"（黑甲虫的意思），东干人叫"营盘"。老人们说，回民起义领袖白彦虎带领他们迁移到这里安营扎寨，所以叫"营盘"。这里现在住的多是来自陕西的回族人，有1万多人。为了纪念曾在十月革命期间和以后的年代里作出了贡献，而在1938年苏联"肃反"扩大化中被迫害致死的东干领袖人物马三成，1975年这里被改名为马三成乡。乡庄里修了一座村史博物馆，馆前有一座马三成的半身塑像，供人们瞻仰。

1989年春天，我和夫人到马三成乡进行田野调查，听到了当地人不少关于他们从中国新疆翻雪山、过戈壁来到这里的动人传说，以及吉尔吉斯、哈萨克、乌兹别克等族人民热情接纳他们的故事。东干人迁徙到中亚已经130多年了，他们一直与中亚各族人民和睦相处，没有发生过什么摩擦和纠纷。我们还发现，这个东干人乡庄中没有文盲，就连在地里割韭菜的一位中年妇女都是高中毕业。几乎家家都有书柜或书架，摆放着文艺书籍。

在马三成乡西南方向不远的地方，楚河北岸又有一个东干人的大乡庄，与吉尔吉斯斯坦的托克马克（古代的碎叶城）隔河相望，哈萨克语叫"绍尔托拜"（SHOR TÖBE），意思是"盐碱岗子"，现在东干人叫它"新渠"。从这个地名也可看出，东干人初来时这里还是盐碱地，后来因为开挖水渠，才变成了绿洲。这里住的也多是来自陕西的回族，共有1万多人。哈萨克斯坦东干协会会长胡塞·达乌洛夫就住在此地，他还是哈萨克斯坦共和国民族大会委员会的委员。哈萨克斯坦宣布独立后，他较早来中国寻根。在西安，他用双手使劲地敲打着城

墙西门的木板，高声地喊着："我们回来了！"他找到了祖辈生活过的地方，还查出了祖上姓安，所以现在他经常告诉中国朋友，他的名字叫"安胡塞"。后来，他带领着一批又一批的东干人到西安来寻根。

胡塞·达乌洛夫在哈萨克斯坦与中国的经济、文化交流方面做了大量工作。经他介绍，到西安等地来学习汉语的东干族和哈萨克族留学生就有几百人。东干人非常喜欢多子女，有七八个孩子的人家相当普遍。胡塞·达乌洛夫虽然还不到60岁，但家里已有了第四代人。我和夫人曾在他家住过。他家独门独院，有十几间屋子，其中有几间是客房，专门接待来访的客人。中国媒体上经常讲的"陕西村"，指的就是上述两个东干乡庄。

从阿拉木图乘火车或汽车西行，在塔拉斯河畔又有一个东干人的大乡庄，靠近塔拉兹市区。哈萨克语叫"加尔帕克托拜"（JARPAK TÖBE），意思是"扁平的岗子"。从地名看来，原来这里也不是平地，都是东干人迁到这里后用自己的双手改造成良田的。这里的俄语名叫"东干诺夫卡"，也住有1万多人，东干人占60%多，哈萨克人占30%。这里的东干人多数来自甘肃、青海和新疆。我和夫人几次访问过这个乡庄，看过一家举行的婚礼，还到少儿举行"割礼"的一家去祝贺，也进清真寺跟各族穆斯林一起做礼拜。通过这些活动，做了民族学的田野调查，了解了当地东干人的风土人情和宗教习俗，也结识了不少哈萨克斯坦的东干族、哈萨克族朋友。

这里居住着一位"大人物"，他叫拉什德·巴基洛夫，祖籍是甘肃省。他的夫人法提麦·苏秀凤是新疆塔城人。拉什德·巴基洛夫是塔拉兹大学讲授铸造学的教授，苏联时期曾在中国武汉的华中理工大学（今华中科技大学）当过访问学者，

胡振华教授在哈萨克斯坦讲学。

当时是与现任哈萨克斯坦总理马西莫夫一起来的。拉什德·巴基洛夫还是哈萨克斯坦共和国自然科学院院士、哈民族大会委员会委员和东干协会副会长。他的夫人毕业于乌兹别克斯坦的中亚大学汉语专业，从事汉语教学工作。他们多次应邀来过中国，在各地结交了许多朋友。我和夫人来哈萨克斯坦，每次都要在他家住几天。他们来北京也一定来我家看望。

　　哈萨克斯坦共有近6万东干人。在阿拉木图市和郊区的东干村及靠近中哈两国边境地区的捷尔坎特（过去叫潘菲洛夫），也住有一些东干人。在阿拉木图市里曾居住着不少东干名人，其中有已故的大学历史教授伊利亚斯·尤苏波夫、私立大学副校长玛利亚·万斯万诺娃等，我在哈萨克斯坦访问期间都受到他们的亲切关照。早在苏联时期，我和夫人去阿拉木图就住在伊利亚斯·尤苏波夫家。

"乡音未改，口味没变"

　　陕西师范大学历史文化学院的王国杰教授也较早地深入中

亚东干地区进行了田野调查和文献搜集工作。他总结出东干人的一些特点，其中就有"乡音未改，口味没变"，这与我调查的结论很相似。哈萨克斯坦东干人保留了各自家乡的语言，不是陕西话就是甘肃话，在饮食上也保留了西北回族人民的习惯。

哈萨克斯坦的东干人和吉尔吉斯斯坦、乌兹别克斯坦的东干人一样，基本上保留了19世纪的陕、甘话。他们的语言中有大量的古话，例如把政府叫"衙门"，警察叫"衙役"，旅费叫"盘缠"，作家叫"写家"，伙伴叫"连手"，健康叫"刚强"，等等。同时，他们的语言中也保留了西北回族人民口语中的一批阿拉伯语及波斯语借词，例如安拉（真主）、胡达（真主）、多斯提（朋友）、都士曼（敌人）、准拜（长大衣）、主麻（星期五）、闪拜（星期六）、耶克闪拜（星期日）、都闪拜（星期一）、赛闪拜（星期二）、恰尔闪拜（星期三）、派闪拜（星期四）、巴扎（集市、街）、馕（烤饼）、阿斯玛尔（天空）、尔林（学识）、海底耶（礼品、经礼）、伊玛尼（教门），等等。

"乡音未改"是说他们的陕西话、甘肃话的话音未改，但他们迁移到一个另外的语言环境中，不可能不受到当地语言的影响。首先，他们和当地的哈萨克族一样吸收了许多俄语借词，例如萨毛瓦尔（茶炊）、马什纳（汽车）、瓦岗（车厢）、萨维特（苏维埃）、费则卡（物理）、黑米亚（化学）、拉交（收音机）、克依劳（公斤）、卡勒浩孜（集体农庄）等。哈萨克斯坦东干人的语言中也吸收了一些哈萨克语借词，例如别斯巴尔玛克（肉末面条）、冬不拉（二弦弹拨乐器）、阿肯（游吟诗人）、包尔萨克（一种油炸食品名）、阿吾勒（牧村）等。

在中亚这个地区的语言环境中，虽然哈萨克斯坦东干人的语言吸收了一些别的语言的借词，但是在语法结构和基本词汇方面都保留了陕西、甘肃、新疆等西北地区汉语方言的特点。我一直把哈萨克斯坦的东干语看作汉语在中亚的一种陕、甘话变体，不能因为东干人使用基里尔字母来拼写就说它是发展成另外一种语言了。

"口味没变"是说东干人保持着传统的饮食习惯，严格按清真的要求做饭。每到东干人家访问，主人总要留我们吃饭，热情地款待。摆上饭桌的饭菜是我们非常熟悉的，主食有馒头、包子、花卷、饺子（他们叫"扁食"）、单饼、面条、肉粥、米饭、油香（油饼）等。副食的种类太多了，例如炖羊肉、炖鸡、炒韭菜、炒白菜、洋葱炒肉、西红柿炒鸡蛋、肉丸子、鸡蛋汤、羊杂碎汤等。由于受到当地其他民族的影响，东干人在饮食方面也有些变化，例如也吃馕、面包、别斯巴尔玛克（肉末面条）、抓饭等。

哈萨克斯坦的东干人在语言、饮食上保留了自己的特点，

2011 年 10 月 30 日，来自乌兹别克斯坦、吉尔吉斯斯坦、哈萨克斯坦以及俄罗斯的"海外东干杰出人士故乡行"访问团 51 名东干族华侨华人来到甘肃临夏回族自治州寻根问祖，探亲访友。图为访问团参观当地生产沙特帽、女士纱巾、纯手工羊毛地毯等伊斯兰民族用品的工厂。（供图：中新社）

而在服饰上，只有在婚礼和节日时才能看到妇女们穿着中国清代的服装：脚穿绣花鞋，腿脖子上扎着带子，手上、脖子上戴满金银首饰。要想了解东干人的习俗，我的经验是参加他们的婚礼。哈萨克斯坦的东干人迄今依然严格地保持着伊斯兰教信仰，他们的生老病死、婚丧嫁娶都受宗教的影响。在东干人的乡庄中都建有供礼拜用的清真寺，有的是中亚式的建筑，有的是中国式的建筑，捷尔坎特市的清真寺就像北京牛街礼拜寺一样。

东干人是中哈友好的桥梁

130多年前，中国西北部分回族人迁移到了中亚，一部分人在哈萨克斯坦安了家，作为哈萨克斯坦的一个新的族群——东干族，和哈萨克族人民和睦相处，结下了哈萨克斯坦共和国

大家庭中的兄弟情谊。东干人擅长农业，哈萨克人擅长牧业，他们多年来相互学习，得到共同发展。

东干人非常能适应新的环境，他们来到中亚后很快就学会了哈萨克语和俄语。迄今，在东干人的中小学校里，除了学习本族的母语外，还要学习哈萨克语和俄语。不少东干人可以当中国人与哈萨克斯坦人的翻译。我发现，哈萨克斯坦宣布独立后，最早来中国做生意的是东干人，接着是东干人作为翻译或中介带着哈萨克斯坦的官方机构或私营企业家来中国搞贸易活动，再后来，东干人作为哈萨克斯坦官方代表团的成员陪同哈官员来签订友好城市的协议。同样，中国一些地方上的单位或个人要到哈萨克斯坦交流或做买卖，也多通过东干人牵线搭桥。由于东干人容易听懂中国的汉语，会哈萨克语和俄语，又了解中国和哈萨克斯坦的习俗，所以他们在中哈之间起着很好的桥梁作用。

习近平主席访问哈萨克斯坦时提出共建"丝绸之路经济带"的倡议后，立即得到哈萨克斯坦共和国政府和各族人民的赞同，特别是得到东干族人民的热烈欢迎。他们从切身体会中感悟到，共建丝绸之路经济带包括了有关国家人民的利益，大家的确是"利益共同体"、"命运共同体"。他们希望在实现这一美好愿景的过程中也能发挥东干人的桥梁作用，为增进中哈友谊作出新的贡献。

2014 年 12 月 30 日，中国甘肃省兰州市，西北师范大学对 2013 级优秀东干族留学生进行表彰。当天，该校再度迎来 40 名来自吉尔吉斯斯坦、哈萨克斯坦等中亚国家的东干族留学生。（供图：中新社）

《黄河大合唱》
在哈萨克斯坦响起

——不朽的星海精神

姚培生
（中国前驻哈萨克斯坦大使）

2000 年春，我从拉脱维亚转赴哈萨克斯坦任职。到阿拉木图后没几天，我与夫人就访问了中国革命音乐家冼星海的故居，拜谒了冼星海纪念碑，参观了冼星海街，从而进一步了解了这位杰出的音乐家。

1940 年，中共中央委派冼星海赴苏联为中国影片《延安与八路军》进行后期制作并考察苏联音乐。后因苏德战争爆发，边境关闭，冼星海无法回国，只得化名转移至哈萨克共和国。在最困难的时候，当地的人民向冼星海伸出了援助之手。后来，冼星海因患重病赴莫斯科治疗，1945 年 10 月病逝于莫斯科。1983 年，苏联将冼星海的骨灰移交中国。苏联方面当时没有把此事当作平常事，而是赋予了政治内容。苏联外交部副部长贾丕才在骨灰移交仪式上说：“我们希望，苏联政府关于移交冼星海骨灰的决定将对改善苏中关系有所促进，愿从今以后冼星海的骨灰安葬在他出生的中国故土上。建立苏中两国间的良好关系，将是对中国人民的骄傲和苏联人民的好朋友——冼星海的最好纪念。”

是的，冼星海是中国人民的骄傲。他生于乱世，长于逆境，饱受种种苦难，历经人间艰辛。他既是才华横溢的艺术家，又是铁骨铮铮的革命者；既是坚定的爱国主义者，又是杰出的国

1983 年 1 月 25 日，冼星海骨灰由中国驻苏联使馆派专人送回北京。这是在首都机场举行的迎灵仪式。（供图：FOTOE）

冼星海20世纪40年代初在苏联的留影（供图：FOTOE）

际主义战士。了解他经历的任何人，都会为他"不坠青云之志"的坚毅精神所震撼，他真正是用特殊材料炼就的一个人，我们应当永远缅怀和纪念这样一位伟人。1991年12月，冼星海曾经生活过的哈萨克斯坦获得了独立，次年1月与我国建立了外交关系。自然，宣传冼星海事迹和弘扬星海精神，对两国关系、两国人民特别是对青年一代有重要意义。中国驻哈萨克斯坦大使馆从1996年起便开始新的寻访工作，并举行了一系列重大的纪念活动：

中国使馆通过外交途径并在阿拉木图市政府协助下，在冼星海故居外墙上安放了纪念牌。1998年7月3日，在阿拉木图举行了冼星海纪念牌揭牌仪式，正在这里进行国事访问的江泽民主席和纳扎尔巴耶夫总统一起剪彩、讲话并题词。江泽民为冼星海故居亲笔题词："忆星海，黄河涛声萦回于耳；访邻

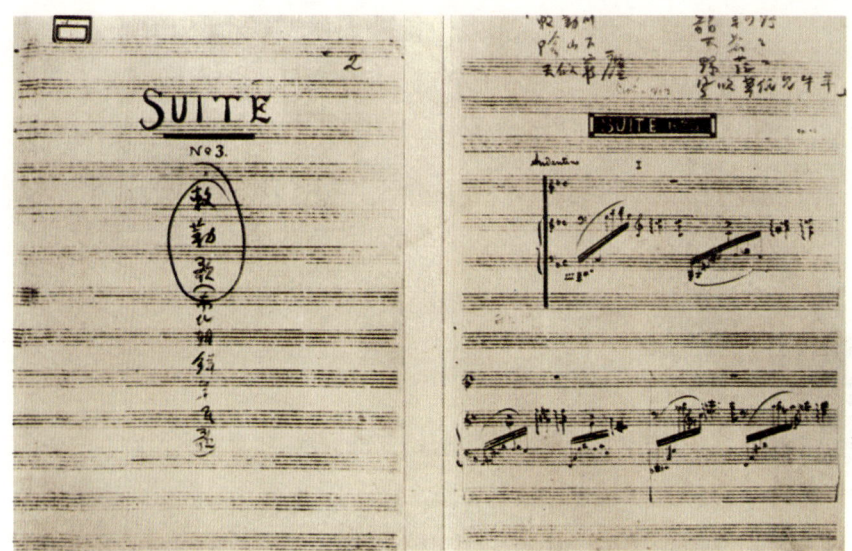

邦，友谊之花绚丽夺目。"纳扎尔巴耶夫的题词是："我相信，中国伟大作曲家冼星海的作品及其生命本身，必将促进并加强中哈之间的友谊。"

1998年10月和1999年6月，在阿拉木图举办了两次冼星海作品大型音乐会，各界代表应邀出席，并给予高度评价。

1999年1月，哈萨克斯坦作曲家协会主席叶尔基姆别科夫以协会名义，建议阿拉木图市政府将弗拉基米尔街更名为"冼星海街"。当年10月，阿拉木图市市长发布第943号令，同意命名"冼星海街"并允许在街道旁设立一座纪念碑。当年11月16日，在阿拉木图举行了冼星海街和纪念碑的落成揭幕仪式。纳扎尔巴耶夫总统和中国驻哈大使出席了这一活动。纪念碑以莲花叶为基座，三个莲花瓣为碑体，花瓣之间用五线谱音符相连。主碑顶上是冼星海的头部浮雕像。碑身正面和背面分别用中、哈、俄三种文字刻上碑文，最后三句是："冼星海用音乐在中哈两国人民之间建起了一座友谊的桥梁，让我们永

冼星海手稿——交响诗《阿曼盖尔德》。冼星海1944年在苏联库斯塔奈（属哈萨克斯坦）工作期间完成了这部歌颂哈萨克人民英雄阿曼盖尔德的大型作品。（供图：FOTOE）

远铭记他的名字，愿中哈友谊世代相传。"

我到任后，详细翻阅了有关冼星海在哈萨克斯坦的各种材料，越看越仰慕这位伟大的音乐家，越看越觉得应该让更多的人了解他。2000年底，我请使馆文化处探询哈国家交响乐团演出全套《黄河大合唱》的可能性。该团领导满口允诺，这将是该团第一次演出这部作品。自然，对那些歌手来说，最难的是用中文演唱。为了克服这个难题，使馆文化处同志在中文歌词下逐一标上俄语音标。乐团经过约两周的排练，达到了预期效果。

12月20日，使馆邀请哈文化部长和所有外国驻哈使节夫妇、哈音乐界人士在阿拉木图音乐厅共同欣赏《黄河大合唱》。为了使节目较其他作品有更强的感染力和更鲜明的对比度，我请交响乐团先演奏小提琴协奏曲《梁山伯与祝英台》。协奏曲演完后，合唱队的哈萨克小伙子身着一式晚礼服登台亮相，在舞台灯光下个个昂首挺立，神情飒飒，风采动人；大使馆程一坤同志担任朗诵，他身材魁梧，嗓音特别洪亮浑厚，一下"征服"了全场观众。当"风在吼，马在叫，黄河在咆哮……"的歌声响起时，人们仿佛被带到了那个年代，那个亿万民众奋勇杀敌的战场。他们不是用嗓子，而是用精神、用力量、用气势在演。不知道内幕的人还以为是中国小伙子在表演呢，因为哈萨克人的外貌与汉族基本相似。演出获得巨大成功，使节们纷纷向我们祝贺致谢。西班牙大使夫人说，她从未听过如此动听的乐曲，希望得到作品的光盘。我对她说，《梁祝》是欢乐与悲伤的完美凝聚，而《黄河大合唱》是愤怒与奋进的成功结合，两部乐曲是两种境界。阿拉木图音乐学院的一位教授看后还打电话给我，祝贺音乐会策划和演出成功。

姚培生夫妇参观冼星海故居。

2000年6月，在策划上述音乐会之前，我馆文化处还编译出版了《冼星海与哈萨克斯坦》一书。我为此书作如下序言：

每一个中国人都知道冼星海的名字，他是中国新音乐最杰出的代表和最无私的贡献者。因为有了他，才有了气势恢宏的黄河之歌。黄河旋律鼓舞了一批批中华儿女冲上前线，英勇杀敌。黄河音符是民族的呐喊，是时代的号角。

冼星海在短促的一生中历经万般磨难，尝尽人间艰辛。但不管命运将他抛向何方，他始终能居贫寒而不感遗憾、处逆境而不失气度。他心中没有自我，只把献身音乐事业、追求人间真理视为生命的最高境界。1945年秋，在自己生命的最后时刻，在异国他乡的冼星海极度思念祖国，思念苦难的同胞和自己的亲人，他在与死神的搏斗中还创作了《胜利交响乐》。他坚信人民必胜，自由和朝气蓬勃的新中国必将诞生！

冼星海在生命历程的最后两年半中，还与哈萨克人民结下了友谊情结。在他孤身一人最困难的时候，哈萨克朋友向他伸出了救助之手。作为回报，冼星海以惊人的毅力和罕见的敏锐，收集、钻研哈萨克民族的音乐文化，创作并改编了大量作品，纵情讴歌了哈萨克民族及其英雄的业绩。他爱那里的山川草木、茫茫戈壁，更爱这个民族的好客淳朴。冼星海在哈萨克的勤奋奔波，使他的创作才华增添了新的光彩。正如江泽民所言，冼星海还是一位热心的文化交流使者，他用音乐在两国人民之间搭起了一座友谊的桥梁。

时光荏苒，55 年过去，弹指一挥间！在中哈友好合作关系进入 21 世纪的今天，冼星海热衷的友好事业后继有人，他栽种的友谊之树已深深扎根在这片广袤的大地中。出自共同的使命感，中哈双方一道，于 1998 年 7 月 3 日在阿拉木图冼星海故居树立了冼星海纪念牌。中国国家主席江泽民在访哈期间，与纳扎尔巴耶夫总统共同出席揭牌仪式，两国最高领导人对发展中哈友谊的重视在此举中得到充分体现。1999 年 11 月16 日，纳扎尔巴耶夫总统在正式访华前，又在阿拉木图出席了冼星海大街命名暨冼星海纪念碑揭幕仪式，人们再次听到了发展友谊的强音！如今，《冼星海与哈萨克斯坦》一书得以出版，使我们有机会再次感受伟大音乐家烈火般的热忱和潮水般的激情，有助于我们重温中哈友好交往史，更有助于我们了解并学习冼星海的奉献精神。

星海的坚毅品格，像闪烁夜空的恒星，永远受人仰慕！

星海的伟大作品，如汹涌不息的大海，永远激人奋进！

我的梦想：访问中国

曼·拜达罗娃

（哈萨克斯坦阿里—法拉比大学东方学系学生）

5岁那年，我第一次接触中国，了解到她的历史与文化。事情是这样的，父亲按常理给我买了所有这个年龄孩子都喜欢的儿童动画片。那是一部历史题材的影片，由好莱坞制作。女主人公是一位名叫木兰的中国姑娘，由于每个家庭都要出一个男丁参军，为了维护家庭的荣誉，她便代替年老体弱的父亲，奔赴战场与匈奴人作战。正是这部动画片，使我对中国悠久的历史和文化着了迷。

从那时起，所有与中国和中国文化有关的一切都会让我感兴趣。父亲的图书馆馆藏丰富，有各种各样关于东方民族文化和历史的书籍，其中包括介绍古代和中世纪中国文物的彩色画册，这些书籍成为我感受、了解中国文明的"窗口"。中学毕业后，当我面对今后去哪里学习、学什么等问题的时候，我选择了哈萨克斯坦国立阿里—法拉比大学东方学系，基本专业是汉学。

现在我上大学二年级，了解汉语和中国文化后，开始真正爱上了这个国家。中国人民值得尊敬，他们勤劳，有尊重先辈的传统，不论身处何地，都为自己的祖国和悠久的历史感到自豪。

仅仅几十年时间，中国由一个的落后国家变成了一个迅猛发展的强国，并开始直接影响世界经济。中国不仅积极参与国际合作，而且开始在很多方面发挥主导作用。

选择汉学专业后，我开始重新认识中国，重新理解中国人

民的精神世界及其伟大之处。

目前，我最大的愿望当然是访问中国，亲眼看看我在书本上读到的和在电视上看到的中国。除了访问，还希望有机会在中国的大学里，通过学习进而了解这个国家，用汉语和当地居民交流，研究内涵丰富的中国文化。

2012 年，在我生日那天，为庆祝我考上哈萨克斯坦国立阿里—法拉比大学东方学系，父亲送了我一本书——《哈萨克斯坦人眼中的中国》。哈萨克斯坦著名汉学家克拉拉·哈菲佐娃和康斯坦丁·瑟罗耶日金专门为我在书上签名题词，祝我在研究中国和东方学方面取得成功。书的作者是哈萨克斯坦著名学者和去过中国的阿里—法拉比大学汉语教研室的老师们。

这本书已成为我必备的学习用书。我如痴如醉地阅读着关于他们接触中国历史和文化的回忆文章,渴望像他们一样在长城上散步,亲眼看一看著名的秦始皇陵兵马俑、中国皇帝的建筑群——紫禁城、和尚们切磋功夫艺术和哲学的少林寺,当然,还有曲阜的孔子墓地。世界各民族和各种肤色的人们都努力在那里探寻中国智慧的源泉。

在学习期间,我最主要的成果是发表了第一篇关于中国的学术文章——《全球化时代进程中的中国》。文章被收入备受汉学家欢迎的《中国的社会与国家》文集中,2013 年由俄罗斯科学院东方研究所出版。在文中,我努力阐述中国在全球化时代和当代世界发展进程中的地位和作用。当前,全世界都在讨论这个问题。

今天的中国作为人类历史上最伟大的文明古国之一,在经济、技术、教育、科学和文化领域迎来了新的繁荣时期。中国的成就令人赞叹,不仅经济方面的当代成果获得了普遍的承认,还在提高居民生活水平的同时,对世界发展产生了积极影响,甚至对极大地改善人类活动和生活的条件起到了促进作用。当然,这首先关系到中国人自己,因为中国人口接近 14 亿,是全球人口总数的五分之一。

我想,一个尊重传统的国家是无所畏惧的。她有能力抵御任何威胁,不论威胁来自外部还是内部。我认为,中国的历史正在证明这一点。

在中国,所有共产主义标志、儒家学说和国家党政制度都保存完好,但是它们的社会意义和功能已经发生了根本的改变。邓小平的名言——"不管黑猫白猫,捉到老鼠就是好猫",是改革战略的集中体现。中国的改革战略植根于深邃的传统思维体系,依附于几千年形成的文化及文明,同时又是清醒实用的，巧妙应对了全球化的要求和挑战。

研究中国使我得出一个结论，这个伟大的国家没有盲从西方的全球化模式，而是积极推行以美国提出的"软实力"概念为基础的自己的方针。所谓"软实力"，实质上体现了本民族文化的吸引力，包括一整套政治价值观和以自身道德声望为支撑的对外政策。

在古老的学说中确认了"软实力"所包含的中国精神，并充实了本民族的内容之后，中国开始利用"软实力"的概念，吸引全世界的目光：做好世界各地中国侨民的工作，培养世界水平的顶级运动员，依靠独有的经济发展模式使国民生产总值跃升到世界第二，通过传播传统医学、中式烹饪的秘密以及国外的孔子学院网络弘扬中国文化。

读中国历史，就像在看电影。当我沉湎于中国历史事件之中，便对重要历史人物的命运感同身受。中国通过拍摄电影故事片，巧妙地让自己的历史广为人知。例如周润发主演的《卧虎藏龙》、李连杰主演的《英雄》、章子怡主演的《十面埋伏》等。这些贯穿儒家伦理的影片，歌颂了爱国主义、大无畏精神和爱情，成为世界电影史上的重要事件。

有理由认为，儒家哲学是中国人民取得成功的基础，因为它让人们思考并为老辈人和年轻一代指明了方向。

30 多年前，在邓小平的倡议下，开展了关于中国哲学的反思运动。这场讨论的中心议题是"解放思想"、"实事求是"、"实践是检验真理的唯一标准"、"摸着石头过河"。当代历史雄辩地向我们展示了精神因素在人类发展中的巨大作用。正是这种因素在中华文明形成的过程中成为一个主要的起源。近十年来，对中国传统问题的研究集中在古典哲学方面是完全符合逻辑的，因为哲学往往被视为中国文明的镜子。在中华文明发展的初期，哲学作为社会共同的心灵体验，成为人们的思维和物质活动，乃至人与国家关系的关键组成部分，在形成中国人的生活方式上，无论是社会制度还是家庭关系方面，都起到了很大作用。

正如我们所知，孔子始终致力于传播学问。他倡导"有教无类"。所以，当今中国大学进入世界知名教育中心的行列并非偶然，而中国学者也会获得诺贝尔奖。

提到中国学者在当代世界科学中的成就，应该重温一下孔子的《论语》。他讲到君子应注重自己的言行举止，列举了必备的 17 种品德，诸如修身养性、正衣冠、善交际、威武不屈、胸襟宽广、知人善任、独立人格、敬老爱幼，等等。要知道在中国，很多世纪来，获得某种学位是很荣耀的，不仅会带来许多好处，还能加快职务晋升。中国高水平的精英团队就是这样建立起来的。哈萨克斯坦总统纳扎尔巴耶夫如今努力实施的"智慧民族 2020 规划"，在许多方面与孔子的思想相吻合。

西方的一些观念和技术在当代中国颇有影响。但是，在独特的中国式思维下，当西方与中国传统的观念和技术相碰撞，后者并没有遭到排斥，反而使公众意识到现代文明各种成果之间的相互联系。同时，传统的中国世界观得以保持。

这一切都反映了普通中国人的心理特征，而其世界观的基础，则是通过语言结构、价值观念和比喻、俗话等方式得以形成并传承。无怪乎中国思想家和政治家张之洞（1837—1909）喜欢反复强调"中学为体，西学为用"。汉语中的谚语、俗话和约定俗成的说法，大多源于历史典故。而中国式思考，则意味着设法悟出这些比喻和典型情景内的深刻含意。

普通中国人的思维方式让我赞叹。他们不急于作出判断和得出结论，努力控制自己的想法，不去寻找捷径。他们带有强烈的责任感，更在乎理智，而不是情感。如果没有远远超出经济范畴以外的特别力量的作用，一个领土面积占世界第三位，规模堪比整个欧洲大陆的国家，要实现任何一点经济增长都无从谈起。谈到中国的历史文化积淀，当代任何一个国家都无法与之媲美。

哈萨克人和中国人有很多相似的传统。儒家伦理基础之一是祭祖。哈萨克人也敬拜祖先。我觉得，这有可能是过往时代的遗迹，是欧亚大陆游牧部落文化和萨满教在中原土著文化中留下的印记。

萨满教认为，生活在自然环境中，要去适应环境。当需要与其对抗时就要进行斗争，而与此同时人类又完全依赖于自然。人与周围世界和大自然的亲缘关系，是这一学说独有的典型特征。萨满教的产生有深厚的渊源，包括把自然界神化和对先祖灵魂的崇拜。随后，这些观点被有机地吸纳进哲学、道教和儒家学说。

萨满教和儒家伦理学（恪守"摆正位置做你自己"）的意义在于，"为人类行为目的以及人在自然界、社会和国家中的位置予以特殊定位，并使之趋同、准确无异，以至完全适合"（哈萨克哲学家图列舍夫语）。当前，两国人民正在实施各自的规划，以推进现代化和社会进步，而这种理论在很大程度上起到了决定性的作用。

在民族问题上，哈萨克斯坦和中国都坚持在平等、互助、团结、合作、繁荣和坚决反对民族歧视的基础上发展族际关系。中国领导人特别重视"和谐"，这是儒家政治伦理学说的核心理念。根据最新的解读，"和谐"意味着宽容、忍让和爱好和平。根据这一原则，中国对外宣传国家发展的和平性质，不对其他国家构成威胁，对内则倡导建立人与人之间的友好关系。

此类运用伦理道德的做法，证明中国领导人严肃对待维持社会稳定的问题。

当前，哈萨克斯坦和中国之间的友谊不断加深，两国经济发展迅速。通过教育、旅游和贸易途径，访问中国的哈萨克斯坦公民人数与日俱增，这有助于两国间睦邻关系的进一步发展。

我热爱祖国，同时对中国感兴趣，尊重其悠久的历史和文化，希望为哈中两国的友谊和合作作出自己的贡献。上帝让这种友谊赐福于两国人民。无论是中国，还是哈萨克斯坦，依我看，双方在中亚地区发挥主导作用，可以共同努力使东方和西方相互走得更近。通过这种方式，我们将搭建起友谊和文化合作的桥梁，使过去1500多年来承载着类似重要使命的丝绸之路得以复兴，并为各种文明间的对话注入新的活力。

合作篇

从历史文献看哈中友好关系 ◄

圣火传递友谊情 ◄

难忘的一次灭蝗大战 ◄

丝路精神的传承者 ◄

石油梦 丝路情 ◄

从历史文献看哈中友好关系

梅·阿布谢伊托娃

（哈萨克斯坦东方学研究所共和国历史文献研究中心主任、国家科学院通讯院士，历史学博士、教授）

哈中关系的历史源远流长。中国是我国有史以来的邻邦，她具有极其丰富的历史与文化。中国对自己的过去所采取的尊重和审慎的态度，堪称其他国家效仿的榜样。中国还赋予了我们充实自己历史的极大可能。

自获得独立之时起，哈中关系就开始走上轨道。必须指出的是，在哈中文化关系方面，中国的外交官作出了非常宝贵的贡献。由于具备中华文化的独特智慧，他们深谙发展哈中文化交往的重要性。2005 年，在时任中国驻哈萨克斯坦大使周晓沛的积极促进下，在哈萨克斯坦共和国总统纳扎尔巴耶夫倡导

哈萨克斯坦东方学研究所与中国第一历史档案馆签署合作协议。（前排右 1 为阿布谢伊托娃）

建立的文化遗产国家计划框架内，我们实施了对中国第一历史档案馆的古文献考察。

这是世界上拥有最丰富、最珍稀馆藏的档案馆之一，馆内收藏了1000多万件历史文献。通过共同工作，我们同中方达成了关于由哈方资助进行共同国际研究工作的协议。中国国家档案局对哈萨克斯坦教育科学部东方学研究所与中国第一历史档案馆的合作项目给予了支持。

哈萨克人自古以来同东方各国友好相处。汉文、突厥文、蒙文、波斯文和阿拉伯文等远古的和中世纪的文字资料，有助于我们研究突厥—蒙古部落的历史，他们是哈萨克人的祖先。中国人的古籍文献资料和旅行者的历史记载丰富了世界文明。

在海上通道开辟之前，中国与欧洲的经贸联系均通过丝绸之路进行，而哈萨克实际上是东西方文化相互影响、相互丰富之路上的联结点和桥梁。从12世纪起，中国去西方最繁忙的路线就是经过锡尔河流域和南哈萨克的过境通道。

从16世纪下半叶开始，这条通道获得了新的发展动力。据16—18世纪的文献资料记载，当时连接中国、印度和中亚的几条商道都经过哈萨克。这里还有香客往来，有军队通过。哈萨克商人直接同中国做生意。16世纪初的编年史作者法兹拉赫·本·丹兹比罕·伊斯法罕尼在《布哈拉宾客之书》中提及一条连接中亚和中国、通往突厥斯坦的道路。帖木儿后裔、莫卧儿帝国的创建者巴布尔在回忆录里谈到了15世纪一支上千人的商队从中国返回时的情景，说明当时同中国的贸易非常发达。19世纪的文献《宣宗志》也描述了那个时期各国贸易往来的情况。欣欣向荣的畜牧业使哈萨克有能力获取丰富的中国丝绸和其他产品。中国第一历史档案馆有许多文献都记录了当时贸易的水平和种类。

必须指出的是，尽管距离遥远并且缺乏现代交通工具，哈萨克汗国与中国之间当时不仅存在经贸联系，而且还有外交关系。在哈萨克汗国大本营里，都设有发布文件的办公室。文件有外交方面的，也有社会经济方面的。哈萨克和中国的外交关系历史文献是一批颇为可观的多样资料，其中有中国旅行者的文字记载、官方信函往来的档案材料、哈中当权者签署的条约文本，以及按时间先后排列的内容丰富的统计资料等。还有一些描述赠礼、交换商品等场面的小型彩图。一些盖有密章的书函、信件、报告等文献，也包含有一定的信息。

外交使节在发展哈中关系方面发挥了重要作用。经常互换使节、外交信函和执政者之间的定期会晤表明，我们两国之间那时就有着正常的国家关系。

哈萨克汗的使者是草原执政者们的代理人。他们被授权用文字或口头的形式向与哈萨克汗国保持友好关系的邻国执政者、地方长官转达通告或决定。正如档案文件所表明的，每一个使者必须了解其被派往的国家，以及这个国家的风俗、文化、道路。他还要掌握被派往国家的语言或者携翻译同行。

贸易的扩大促进了 16—18 世纪哈萨克汗国的经济发展和国家间关系的加强。从很有意思的中国文献材料中，可以看出草原城市的作用。确实，哈萨克人同邻国人民的贸易一直在进行，甚至在乱世和战争年代也是如此。《宣宗志》在提及阿拉木图时，用汉文和满文称之为"瓜尔班阿拉木图"或"桂尔班阿利马图"。

历史和文化的联系同各种政治、军事、社会等历史事件紧密地交织在一起。考古发现、文字与口头文献都证明这一点。近期发现的材料包含了很多有关中世纪及其后哈中关系历史的新信息，极大地充实了史料基础。

在文化遗产国家计划的框架内，2004—2009 年我们对中国的东方学古文献进行了考察。必须特别指出的是，中国驻哈使馆和领事馆在安排我们去中国各档案馆、图书馆进行科研工作，以及组织我们同中国社科院俄罗斯东欧和中亚研究所的学者与专家的几次亲切会见中，都给予了友好支持与合作。

主要的工作是在北京的中国第一历史档案馆进行的。在接触档案馆的藏品时，我们看到了一些珍稀材料，其中有1741—1828 年间清朝同邻国关系的历史资料。我们发现并获取的档案材料中，有汉文 500 多份、察合台文 60 多份、厄鲁特文 40 多份、满文 3000 多份。

档案资料表明，18 世纪中叶至 19 世纪初，哈中关系非常紧密，两国之间进行"丝绸换马匹"的贸易。这一事实应作为最鲜明和最重要的内容载入丝绸之路哈中关系史册。

这个时期哈萨克汗国同清帝国的贸易与友好关系蓬勃发展有其自身的原因。18 世纪，哈萨克汗国处于中亚游牧社会，畜牧业是它的经济支柱。在同其他国家的关系中，通过贸易获得生产生活用品是个大问题。哈俄贸易关系不足以解决这个问题。清帝国平定了准噶尔汗国，征服了喀什噶尔之后，必须巩固其边防并振兴不久前并入其疆土地区的经济。为此，它开辟了"丝绸换马匹"的集市，先是在乌鲁木齐（从 1757 年至 1765 年），然后（从 1765 年起）在伊宁和塔尔巴哈台（今塔城）。

贸易给哈萨克人带来了什么呢？《宣宗志》一书中关于阿布赉统治下的哈萨克人的资料显示，当时哈萨克汗的名字叫阿布赉，臣民称他为阿布赉比。他们土地广阔，有大量人口和牲畜。富裕之家会有一万匹马和牛，羊无数，甚至穷人也会有几百匹马和牛、几千只羊。他们生活富足。男子满 16 岁时就分家，拨给他部分财产自行单过。过节时，用马肉、牛肉、骆驼肉和

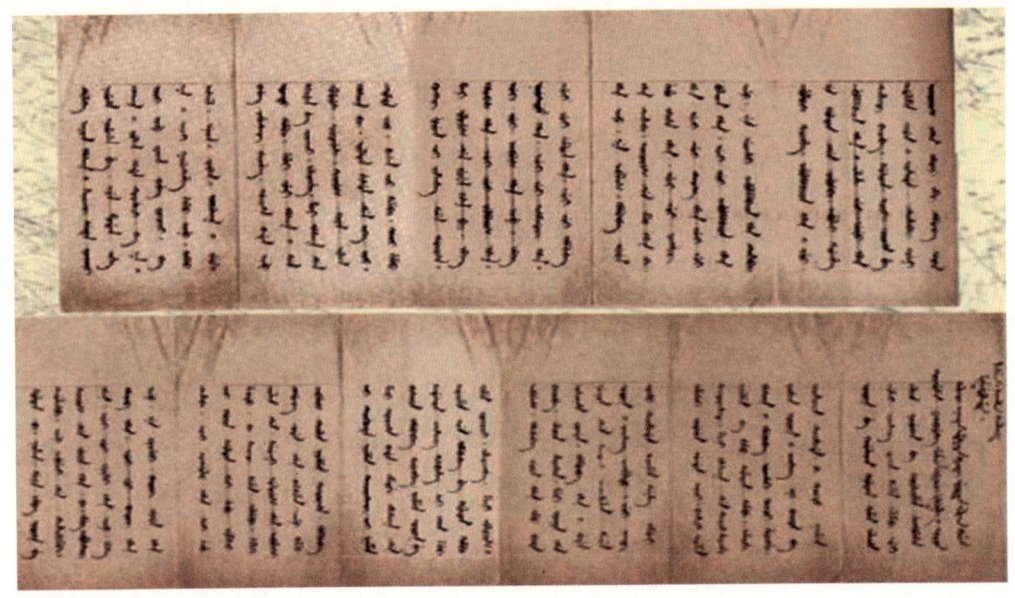

满文哈萨克汗和苏丹家谱

羊肉做菜肴，使用木盘、木碗和木勺。富裕一些的人使用锡制和铜制的餐具，他们很喜欢中国的瓷器、茶叶和各种颜色的纺织品。这些资料说明，当时哈萨克畜牧业很繁荣，然而开辟外贸市场是不得已之举。另一方面，同中国的贸易关系使哈萨克人能够获取大量中国的丝绸和其他产品。

在我们发现的外交文件中，有反映哈中、哈俄、哈吉（尔吉斯）、哈浩（罕）和哈厄（鲁特）关系的，还有关于哈萨克汗往北京派遣使节、给使节颁发奖状以及关于哈中贸易的文件。关于哈萨克人日常生活和传统的文件中，有哈萨克居民的人口以及哈萨克部落氏族等的资料。

通过考察，我们还发现了当权者之间的信函往来，它们反映了1741—1828年间哈萨克汗国同清帝国友好关系的历史。这些文件是哈萨克汗、苏丹和地方官致清帝国乾隆皇帝、伊犁将军和塔尔巴哈台参赞大臣的官方信函。已发现的哈萨克汗同中国当权者的外交信函有 115 件，其中 61 件为察合台文、40 件为厄鲁特文。每封信函都附有满文的说明字条，写明哈萨克当权者的经历、出身以及他们的所在地。阿布赉汗给清皇帝的一封信（1766 年），内容是请求寄送药品，并盖上了密章；阿布利费兹苏丹在致伊犁将军的信中，要求其派遣使节，信中盖有"阿布利费兹苏丹"字样的察合台文印章；博拉特汗和阿布利费兹苏丹就土尔扈特人返回事致伊犁将军的信中，盖有厄鲁特文的"博拉特·巴哈杜尔汗"、"阿布利费兹苏丹"印章。

根据《清高宗实录》和当时的档案资料，乾隆在其敕谕中称，他将推行册封政策并视哈萨克汗国为"邻邦"。

据乾隆二十五年五月庚午日（1760 年 7 月 9 日）《实录》的日记中记载，乾隆致哈萨克当权者阿布赉、阿布马姆别特、阿布利费兹和汉巴巴的信中提到，作为礼物向使节们赠送了银币、饰物和其他物品。在《钦定新疆识略》中，有"哈萨克人编年史"一章。其中讲到，阿布利费兹的二儿子朱奇作为使节于 1768 年拜见了皇帝，阿布赉的儿子瓦利苏丹也于 1769 年作为使节前往北京，二者都被赐予"双眼花翎"。

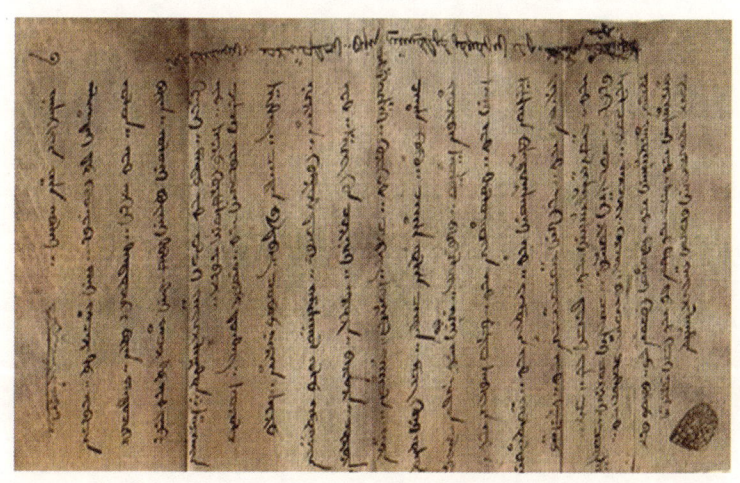

阿布赉汗致清皇帝请求寄送药品的信函（厄鲁特文）

涉及 18—19 世纪哈中之间布匹、丝绸的买卖以及交易价格等的贸易关系资料有 1000 多份。还有关于这一时期哈中外交关系的文件，其中有哈萨克汗派使节前往北京觐见乾隆皇帝的资料、哈萨克汗和苏丹委派外交人员以及为他们颁发奖状等情况的资料。

　　从 1755—1762 年间的文件中，我们获取了一些更详细的资料：关于哈萨克汗国同清帝国繁荣的贸易关系，哈萨克当权者阿布赉、阿布利费兹、卡班拜等人和乾隆皇帝及其官员们在边境贸易中发挥的作用，清帝国如何组织运送贸易所需的商品、制定贸易价格和政策，清帝国开展贸易时采用的手法，如何对交换中获得的哈萨克马匹加以护养和使用，以及驱赶牲口来做买卖的哈萨克氏族头领和个别人员的姓名，等等。这些资料大部分是作为不同内容的信函文件的附件保存下来的，对挖掘哈萨克斯坦的历史而言也十分重要。

　　在中国第一历史档案馆中，有一封满清官员努桑建议在乌鲁木齐设立清哈贸易集市的信件。根据这个文件提供的信息，哈萨克的当权者阿布赉汗、阿布利费兹苏丹和卡班拜巴图鲁已商定在乌鲁木齐设贸易地。贸易集市最初在乌鲁木齐附近，后来还在伊犁（伊宁）和塔尔哈巴台开办。将近半个世纪中，哈萨克汗国同清帝国之间的贸易十分繁盛。

《哈萨克贡马图》

　　"马匹换丝绸"的贸易史有其自身的意义。首先，从哈萨克汗国作为自主国家出现以来，这是它同中国最早、最直接的经济关系；其次，哈方最直接的组织者是阿布赉汗、阿布利费兹苏丹和卡班拜巴图鲁，中方则是乾隆皇帝和边境地区官员，故这种贸易具有国际性；第三，贸易地域涵盖了中国南部至西哈萨克斯坦，就其规模而言，取得了巨大的成果。可以肯定地说，"马匹换丝绸"贸易在欧亚大地上复苏了沉寂几个世纪的丝绸之路。

为了看到17—18世纪哈萨克社会的全貌，我们不仅需要考古史料、语言学和民俗学的文字资料，而且需要各种图形、写生画。比如中世纪哈萨克汗的外貌、服饰，可以根据宫殿里的图案装饰、镶嵌艺术品和壁画上的形象进行复原。

2001年，我去巴黎各图书馆的藏书室工作了一段时间，目的是寻找同哈萨克历史和文化有关的材料。我很幸运地看到了独一无二的《哈萨克贡马图》（哈萨克人的礼品马）。此画收藏在著名的巴黎集美东方艺术博物馆。迄今为止，这仍然是描述赠送三匹骏马的外交仪式的唯一画作。

朱塞佩·伽斯底里奥内（中文名郎世宁）的《哈萨克贡马图》，以及中国书籍《皇清职贡图》和《宣宗志》中的小型彩画都非常珍贵。画作反映了哈萨克18世纪历史的不同瞬间。这里须单独谈一谈这位意大利画家。郎世宁是耶稣会教士，1688年出生在米兰，1715年到北京定居，直至1766年去世。他是第一个在画作中创造奔马形象的欧洲画家，是18世纪在中国工作的唯一的欧洲画家，其作品早已名扬世界。乾隆皇帝对他特别器重，因为他特别擅长画兽类和花卉。

《哈萨克贡马图》画了三位哈萨克使者和三匹马，记载的是1763年哈萨克人为表示联盟和友谊向乾隆皇帝赠礼的场景。哈萨克使者的形象高大威严，让人看起来有很强的民族自尊心。乾隆皇帝在几位高官的陪同下接受三匹赠马，坐在宝座上的皇帝面部表情安详。反映宫廷生活场景的陈设、服饰、器具都画得很逼真。画作让人们对当时的服饰有了概念。制作服饰的材质对研究服饰很重要，这类的考古发现很少，但我们可以想象16—18世纪哈萨克人的衣服使用什么材质。历史分析表明，这幅画作描绘的事件发生在阿布赉汗统治哈萨克时期。

　　18世纪初，中亚的国际关系发生了重大变化。18世纪中叶之前，那里有影响的大国是准噶尔汗国，而清帝国和俄罗斯也开始施加特殊影响。总体上，当时中国同哈萨克斯坦的关系是通常的政治外交接触。

　　由于1923年的一场火灾，乾隆珍藏在紫禁城一个大厅中的1150多件画作被毁。此后有1000件最佳手卷被转往天津的英国租界，后辗转到达台湾，收藏于台北故宫博物院。郎世宁的大部分画作就保存在那里。

　　清朝当权者特别是乾隆在其夏季行宫避暑山庄接待来自中亚和蒙古的使节们。作为给这些使节的礼遇，东道主让他们参加军事操练和打猎。与此同时，在避暑山庄还搭建了专门的帐篷。在这些帐篷里，皇帝宴请使节并举办各种娱乐活动。

　　乾隆是位英明的君主，他下令边境地区负责对外事务的官员和自己宫里的官员把各民族代表人物以及同清帝国有关系的国家的代表人物及服饰画在纸上。这些图画收集和保管在军务主管部门，并被编入《皇清职贡图》（描绘来清国赠礼的各民族代表形象）。此书共9卷，收录了299个不同民族属性的人物形象，有男有女。每张图都附有简短说明，包含这些民

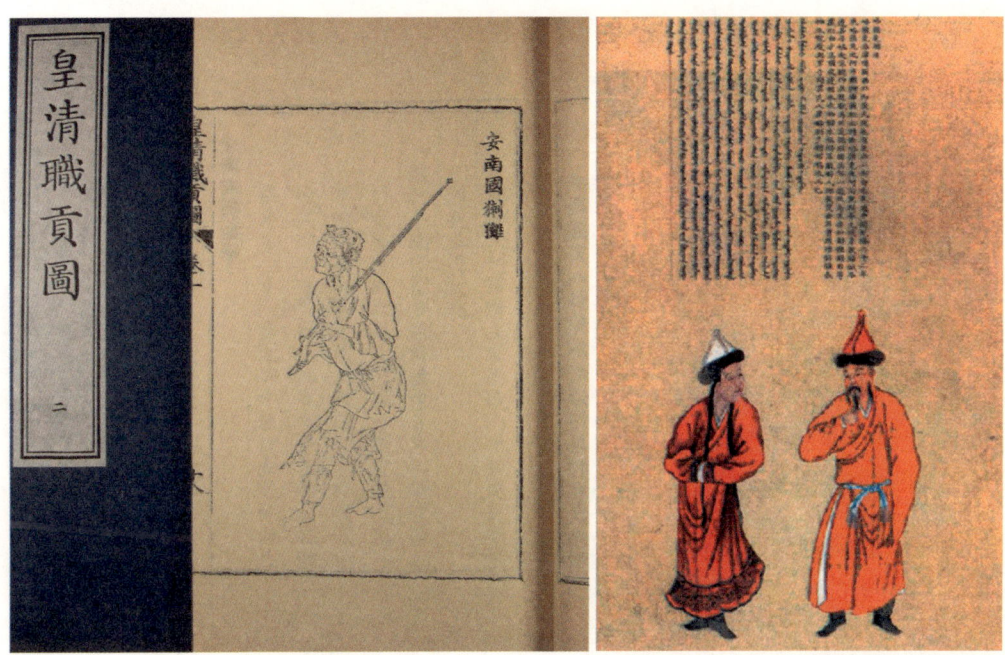

族的历史与文化以及同清朝之间关系的珍贵信息。《皇清职贡
图》第2卷里有4幅画同哈萨克人有关，它们是"哈萨克首领"、
"哈萨克首领之妻"、"哈萨克平民"、"哈萨克平民之妻"。
这几幅图有一个说明，称这个民族四处游牧，放牧牲口，但也
懂农业。他们中的长者头戴用深色毡呢镶边的红色或白色四角
高帽，穿长袖丝绸上衣，系丝腰带，穿黑靴子。他们的妻子梳
两根自然下垂的发辫，戴耳环、珠串，穿用光彩夺目的丝绸装
饰的长袖上衣。她们的帽子和鞋子同男人相似。他们中的平民
无论男女，多数戴毡帽，穿朴素材质制成的上衣。

　　传统的哈萨克服饰已经传承了几个世纪，甚至上千年了。
它汲取了游牧和定居文明中最有益的经验。但是，在哈萨克人
的服饰上仍有从斯基福人到古突厥人这些早期游牧民族打下
的鲜明烙印。

阿布赉汗和其他哈萨克当权者派遣外交使团的行动，不仅对哈萨克人，而且对清帝国的人民而言都是特殊的事件。《皇清职贡图》第9卷中，有6幅小彩图同哈萨克小玉兹首领努拉雷汗、巴图鲁汗、卡伊普汗向清帝国派遣使节有关。彩图的文字说明中称，努拉雷领导的小玉兹是西哈萨克人的一部分，居住在距伊犁西北2000多里之处，四处游牧。他们的头领努拉雷在乾隆二十七年（1762年）派遣使节向皇帝进贡。他们的男人穿质朴材质制成的上衣，女人头上系彩色丝绸的头巾，但他们之中也有人戴绣花小圆帽。

《皇清职贡图》第9卷的最后两张画，称为"臣服于乌尔根奇部落卡伊普的伊斯兰教徒"和"臣服于乌尔根奇部落卡伊普的伊斯兰女教徒"。在这两张画下面有一个总的说明称，卡伊普统治的乌尔根奇是西哈萨克人的另一部分，他们在距伊犁西北2000多里的小玉兹附近游牧。为了经商，他们同邻近的伊斯兰教徒一起来到伊犁。乾隆二十七年（1762年），他们的首领卡伊普派使节向皇帝进贡。他们的风俗习惯和服饰同小玉兹一模一样。

上面所引的三个文件都与小玉兹哈萨克人有关。头两个文件中称呼是正确的，而在最后一个文件中，"乌尔根奇部落卡伊普"是指巴图鲁汗的儿子卡伊普汗。他出身于小玉兹，早在他父亲在世时就已统治希瓦。这位卡伊普汗被哈萨克民族志学家乔坎·瓦利汉诺夫称为"乌尔根奇卡伊普汗"，同上述中国文件相符。

中国第一历史档案馆的文件证实了哈清之间存在外交、贸易关系。其中阿布赉汗发出的一些官方信件很有意思，而且充满信任的语气。重要的是，尽管哈萨克汗国同中国的统治中心距离遥远，但两国却保持了相当紧密的关系。中国保存了哈萨克汗和苏丹们的所有信函，它们无疑是哈萨克人民的文献财富。

此外，在北京大学、中央民族大学图书馆考察时，我们还发现了一些哈萨克人历史与文化的新资料。

在收集整理以上档案史料的基础上，哈萨克斯坦东方学研究所出版了 5 卷本"中国史料中的哈萨克历史"丛书，其中一卷专门介绍有关哈萨克斯坦历史和文化的考古文物。

2005 年 9 月，考察组成员参加了为庆祝中国第一历史档案馆成立 80 周年举办的明清档案与历史研究学术讨论会，签署了哈中 2006—2008 年"清代哈中关系档案汇编"国际合作项目协议。协议的签署是哈萨克斯坦社会科学与哈中关系发展的成果。

目前，中国已引起哈萨克斯坦公众极大的兴趣。自 1992 年 1 月哈萨克斯坦共和国和中华人民共和国建交之时起，两国关系不断深化。两国签署的共同宣言确认，相互支持和发展两国长期的睦邻、友好与合作关系符合两国人民的根本利益，也有利于巩固和平和维护稳定。

现在，已提升至全面战略伙伴关系水平的哈中合作正在经贸、军政、文化、人文等十分广阔的领域中得以实施。因此，哈萨克斯坦人想尽可能多地了解和认识中国的愿望是很自然的，因为历史缘分和地缘政治一直把我们两国联结在一起。

圣火传递友谊情

孙 力

（中国社会科学院俄罗斯东欧中亚研究所副所长、研究员，
人民日报前驻哈萨克斯坦首席记者）

    哈萨克斯坦前首都、第一大城市阿拉木图，位于该国东南部广袤的平原上，面积约 190 平方公里，拥有悠久的历史，是古丝绸之路通往中亚的重要驿站，以盛产苹果著称，有着"苹果城"的美誉，被称为"南都"。

    然而，这座城市给中国人留下最深刻印象的，却是北京奥运火炬传递所呈现的空前盛况，播撒出两国人民深厚信任的国际友谊，昭示着两国人民世代友好的诚挚愿望。当时，我作为人民日报驻哈萨克斯坦记者，有幸亲身体会这一美好场景。翻开驻外工作手记，过往记忆纷纷映入眼帘，仿若从前……

奥运火炬阿拉木图市
传递发布会现场

奥运圣火

2008 年北京奥运会火炬传递是奥运史上传递路线最长、范围最广、参与人数最多的一次火炬接力，在奥林匹克运动史上谱写了辉煌的篇章。

上世纪 90 年代中哈建交以来，两国睦邻关系不断深化，两国间的共同边界已形成一条友好、合作的纽带。因此，阿拉木图市与巴黎、伦敦、伊斯坦布尔等世界名城一道，成为奥运火炬传递途经的城市。

哈萨克斯坦官员和普通百姓对奥运火炬传递首站选择阿拉木图市激动不已，纷纷表示"阿拉木图市成为 2008 年北京奥运会火炬境外传递的第一站，这是哈萨克斯坦和哈全体人民至高无上的荣光"。时任阿拉木图市市长塔斯马加姆别托夫认为，阿拉木图市成为火炬传递第一站的理由很多，归纳起来有以下几个方面：一是哈萨克斯坦以及阿拉木图市位于古老的丝绸之路上，连接着欧亚大陆和东西方文明；二是中国是哈萨克斯坦的东部近邻，两国有 1700 多公里的共同边界。哈萨克斯坦独立后，哈中两国建立了睦邻友好关系。哈萨克斯坦和中国间的双边关系已成为中亚乃至整个欧亚地区国际关系的楷模；三是奥林匹克运动的主要目的是宣传和平。哈萨克斯坦在独立后的第一年就放弃了核武器，用实际行动证明了自己对和平的向往；四是阿拉木图是哈萨克斯坦最美丽的城市之一。

哈萨克斯坦奥委会秘书长铁木尔·多瑟姆别托夫曾在 1982 年夺得世界冠军，也曾担任 2006 年冬奥会的火炬手。他表示，即将在阿拉木图市进行的北京奥运会火炬传递，对这座城市、对整个国家都意义深远。这是有史以来奥运圣火首次来到哈萨克斯坦。多瑟姆别托夫说："近 20 年来，我曾多次

孙力采访阿拉木图市副市长塞杜马诺夫（右）。

造访北京，每次都不由得对那里所发生的巨变而感到震撼。北京的'鸟巢'、'水立方'等奥运场馆世界一流，而新建的地铁线路将为观众和游客提供便利。"

精心筹备

阿拉木图市副市长谢里克·塞杜马诺夫是火炬传递活动当地政府的主要负责人之一，办公桌上铺展着传递路线图和工作日程等。一见到记者，他就拿起路线图介绍起火炬传递路线及准备工作。一切准备工作都在火炬到来前两天准备就绪。

塞杜马诺夫说，阿拉木图市是北京奥运火炬境外传递的第一站，将办出特色，展现给世人一个惊喜。他介绍说，阿拉木图市拥有世界上最优秀的天然高山滑雪场，三面环山、地势南高北低，因此，火炬传递将展现滑雪、滑冰、骑马、摩托车等特色传递项目。此外，还将在传递路线上搭建"东方巴扎（市场）"，再现古丝绸之路风采。据他介绍，阿拉木图站的火炬

传递将分山上和市内两阶段举行。火炬手们将经过总长约 20
公里的传递,把奥运圣火从城市最高点送抵市中心的阿斯塔纳
广场。奥运圣火的到来是阿拉木图市乃至哈萨克斯坦体育史上
规模最大、最为隆重的一次盛事,因此,阿拉木图各学校届时
将放假 1 天,以满足青少年们一睹奥运火炬风采的心愿。

粉饰一新的阿拉木图主要街道两旁、公共汽车站、商铺门
前、市中心广场,以及离市中心近 20 公里、作为火炬传递重
要地点之一的麦迪奥风景区,宣传北京奥运的大幅宣传画随处
可见,"点燃激情、传递梦想"的口号回荡在阿拉木图市上空。
走在大街上,阿拉木图市市民们都友善地与我们打招呼,北京
奥运会和火炬传递成为彼此交谈的主要话题。

共举友谊

北京奥运火炬传递阿拉木图站共有 80 名火炬手,其中有
10 名在哈工作的中国公民,包括时任中国驻哈萨克斯坦大使
张喜云。火炬手中最年长的 80 岁高龄,最年轻的仅有 16 岁。

80 岁高龄的柯加金曾是哈萨克斯坦著名运动健将,至今
仍每天坚持锻炼,他在自家的院子里向我们展示了轻盈、矫健
的步伐,表示成为火炬手是他一生中最幸福的事情。当时只有
16 岁的维达利是年龄最小的火炬手,2007 年获得了国际奥林
匹克数学竞赛的第三名,同学和老师都为他成为火炬手感到荣
耀。他的校长表示,将率全校 500 名师生为他助阵。

弗拉基米尔·斯米尔诺夫 1964 年出生在哈萨克斯坦的一
个小镇,苏联时期就已成为一名出色的运动员。丰富的运动生
涯使他在众多候选人中脱颖而出,是他成为北京奥运火炬传
递阿拉木图站火炬手的主要原因。他的办公室摆放着奖杯和

奖牌。他从 1978 年开始从事专业体育运动,在滑雪项目上成绩斐然,曾 4 次参加冬季奥林匹克运动会,获得过 1 枚金牌、4 枚银牌和 2 枚铜牌。此外,还在其他世界大赛中获得过 5 次冠军。这是他第二次担当奥运火炬手,但他认为参加北京奥运火炬传递是他一生中最幸福的一件事,因为这一重大活动在自己的家乡进行,而且他与北京奥运会有着深厚的渊源。2001 年,他作为国际奥委会成员之一,在莫斯科参加了北京竞选 2008 年奥运会主办权的投票工作并投了北京一票。他面带微笑地对记者表示,支持北京举办 2008 年奥运会是正确的选择,北京奥运会的准备工作、组织工作和场馆建设都是非常出色的,北京奥运会一定会以其盛大和出色载入奥运史册。

中国南方航空公司阿拉木图办事处总经理马健麇成为在哈华人火炬手之一。他说,作为哈国华人华侨、中国驻哈企业、中国民航的代表参加阿拉木图圣火传递,是无上的光荣,也是他一生中最难忘的一刻。尤其作为南航长期在海外工作的人员,更使他感到无比自豪。

喜迎圣火

当地时间 2008 年 4 月 1 日 13 时 12 分(北京时间 1 日 15 时 12 分),北京奥运会圣火抵达"和谐之旅"的首站——阿拉木图市,拉开了 2008 年北京奥运会火炬境外传递的序幕。

"和谐之旅"的首站之行非常顺利,奥运包机比原定时间早一些到达阿拉木图的机场。当地温度零上 16 摄氏度,天气晴好、万里无云。北京奥组委执行副主席蒋效愚提着圣火灯走下舷梯,受到了前来迎接的阿拉木图市和哈萨克斯坦奥委会代表以及市民的热烈欢迎。在展示圣火灯后,蒋效愚将其交给随行的两位圣火护卫队员。阿拉木图市副市长塞杜马诺夫、哈奥委会秘书长多瑟姆别托夫、中国驻哈大使张喜云等到舷梯前迎接，4名身穿民族服装的哈萨克斯坦女青年向代表团主席敬献了鲜花。简短的欢迎仪式后，圣火在护卫队的护送下运到洲际宾馆。

北京奥组委火炬中心新闻发言人曲莹璞在接受记者采访时说："为了取得开门红，火炬中心相关联络员此前已到本市作过三次访问，先遣人员也于3月26日就抵达阿拉木图市，会同使馆人员与当地组委会做了大量准备工作。目前筹备工作已经就绪，相信2日的火炬传递一定会取得圆满成功。"哈萨克斯坦方面火炬接力新闻负责人萨肯·贝尔巴耶夫在接受采访时说："我们组委会过去几个月来一直都在刻苦努力地工作，考虑到了所有的细节问题。今天我们还进行了预演测试，一切运转都很顺利，明天的活动肯定会取得成功。"

总统出发

2008年4月2日，阿拉木图市一派节日气氛，身穿节日盛装的市民纷纷赶往各地段观看火炬传递仪式。

早晨8时，记者们聚集在阿拉木图市政府大楼前，准备出发去距市区近20公里处的麦迪奥高山滑冰场，北京奥运会阿拉木图站火炬传递的开幕式就在这里举行。沿途随处可见"点燃激情，传递梦想"、"BEIJING 2008"、"和谐之旅"等宣传牌。

麦迪奥位于阿拉木图市东南、海拔1600多米的外伊犁山麓的阿拉套山上，气候温和，太阳辐射、气压和风力适中，冰质洁净，为开展速滑等运动创造了极好的条件。这里举办

阿拉木图站火炬传递
开幕式现场

过无数次重大赛事，有"世界上最出色的滑冰场"和"创造
纪录的工厂"的美誉。冰场周围及看台上装饰一新，北京奥
运会及火炬传递的宣传牌格外醒目。能容纳 6000 人的看台
上座无虚席，各观众区统一穿着红、黄、蓝、绿四种颜色的
服装。冰场中间，身穿民族服装的少年表演民族舞蹈，数十
名彩旗手相伴中间。

　　12 时，火炬传递开幕式正式开始。哈总统纳扎尔巴耶夫
出席并发表讲话，特别强调"在伟大邻邦中国以及中国国家主
席胡锦涛的支持下，阿拉木图市成为北京奥运会圣火境外传递
的第一站。在全世界的见证下，多民族的哈萨克斯坦向奥运圣
火献上了自己的祝福。哈萨克斯坦为此感到自豪，感谢中方的
友好情谊"。他宣布火炬传递开始后，主席台后面的和平鸽飞

北京奥运火炬境外传递"第一人"——哈萨克斯坦总统纳扎尔巴耶夫

向蓝天，北京奥运会吉祥物福娃也随着气球在冰场中间冉冉升起。随后，奏哈国歌和奥运会会歌。北京奥组委副主席蒋效愚手提火种灯，带领三名护卫手走到主席台前，向观众展示火种灯后，将奥运火炬点燃，转交给中国驻哈大使张喜云，由他庄重地将火炬交给纳扎尔巴耶夫总统。

哈总统纳扎尔巴耶夫身着一身白色运动服，将奥运火炬高高举起，看台上掌声和欢呼声雷动。人们期待已久的惊喜终于出现。纳扎尔巴耶夫担当起哈第一个火炬手，也是北京奥运火炬境外传递"第一人"。他手举"祥云"火炬来到冰场周边跑道缓步起跑，不时地向看台观众挥手致意，观众立时沸腾起来，起立鼓掌为其助威。而后，纳扎尔巴耶夫将火炬传给2004年雅典奥运会拳击冠军阿尔塔耶夫……

冰火交融

哈萨克斯坦将圣火传递第一阶段的终点选择在冰场，向上是气势磅礴的雪山，山峰上的白雪终年不化。山上白雪皑皑，山下青松翠柏，交相辉映，蔚为壮观。冰场和雪山之间横亘着一条高高的大坝，左侧有一条 200 米长的人工滑雪道，是专门为火炬传递准备的。因设有隔离带，记者只能远远观看，只见滑雪道两旁人山人海，围得水泄不通，不时传来喝彩声。滑雪火炬手是曾四次参加冬奥会、获得 1 金 4 银 2 铜战绩的斯米尔诺夫。身旁的当地记者说，他是哈萨克斯坦的英雄，是哈运动史上获得奖牌最多的运动员，深受人们的尊敬。

别特鲁辛是第一阶段最后一名火炬手，曾骑摩托进行环球旅行，得知被推举为北京奥运会火炬手后，他特地从外地坐飞机赶回来参加火炬传递。别特鲁辛的摩托车非常漂亮，左扶手上插着火炬，在 40 名摩托车手护卫下徐徐驶向第一阶段的终点。

我们从山上匆忙往下赶，参观下一阶段比赛。行走在路两旁的观众手举五环旗向记者们挥舞致意，不时地能听到"你好，北京"等中文问候语。

第二阶段火炬传递精彩纷呈。当地时间 15 时，第二阶段火炬传递从市内的共和国宫开始，沿着友谊大街向南至阿尔法拉比大街向西，再向南沿着富尔曼大街传递，然后经过独立广场等重要地段，最后到达阿拉木图站火炬传递的终点站阿斯塔纳广场。

这一阶段最有特色的火炬传递是在独立广场。记者匆匆赶到时，只见广场已一改以前面貌，仿佛来到了古丝绸之路上的小镇。镇上有十几个毡房，毡房间树立着哈民族乐器冬不拉和

火炬手骑马传递圣火。

口贝斯等，毡房内有弹唱冬不拉的、有经营商品的，也有开设供行人休息打尖的小餐馆的，所有毡房前都站着身穿民族服装的俊男靓女。"买乐器的市民"阿伊纳什说，除毡房外，其他设施都是工人们连夜搭建的，起名为"东方巴扎（市场）"，意在火炬经过这里有穿越时空的感觉，也告诉人们古丝绸之路紧紧地将哈中两国人民联系在一起，让奥运火炬照亮这条伟大的丝绸之路，使其不断向前延伸。

突然，镇子里的"百姓"一阵骚动，所有人将目光投向东方。十名骑着骏马的哈萨克小伙子在镇子里玩起了叼羊比赛，这可是哈萨克人的传统比赛项目。比赛难分胜负。这时，一个驼队走进小镇，仿佛是刚刚赶集回来。紧随其后，一名火炬手高举奥运火炬进入小镇。小镇立刻沸腾起来，火炬手将火炬传给骑着高头大马的 48 号火炬手萨德科夫。镇子里的人似

火炬手跑入阿斯塔纳广场。

乎忘记了自己的身份，停下了手中的活计，敬望着圣火。经营乐器的娜达莎说，这一刻真是太美妙了，我的心灵得到了净化，思绪也跟着火炬飞向了北京奥运会现场，"很想到北京观看观看奥运会"。记者离开小镇时，很多"市民"双手紧握着喊："友谊！"

当我们徒步赶到几公里之外的终点阿斯塔纳广场时，所有人都在翘首期盼最后一名火炬手的到来。17 时，最后一名火炬手跑入广场，在场的观众都不约而同地高喊"乌拉"，祝贺北京奥运会阿拉木图站火炬传递圆满结束。

阿斯塔纳广场顿时鼓乐喧天，开始了庆祝活动。人们随着动听的歌声尽情地舞动，抒发一天来的喜悦心情。来自阿尔马林区的阿伊努什说，圣火已在我心中，又是一个难忘的不眠之夜。

夜幕徐徐降临，圣火号起航了，将奥林匹克精神的最高象征，代表和平、友谊、希望和光明的圣火传向下一个目标……

举国祝愿

哈萨克斯坦主要媒体都开辟专栏或整版地报道火炬传递盛况。哈萨克斯坦《真理报》3月28日发表的《用心感悟奥运火炬》文章说，奥运火炬经过阿拉木图传递是非常罕见的重大事件，并不是每个人一生都有幸亲眼目睹奥运火炬传递的。在阿拉木图站，火炬传递将从世界上著名的高山滑冰场和高山滑雪场开始，这一刻，世界上数以亿计观众的目光将聚焦在这里，向全世界展现哈萨克斯坦美丽的自然风光，这样的宣传效果单靠哈萨克斯坦人推介是不可能达到的。该报3月29日"火炬传递"专栏援引阿拉木图副市长塞杜马诺夫的话说："试想一下，全世界有450多个大都市，火炬传递只经过五大洲的22个城市，而且就从阿拉木图市开始、从哈萨克斯坦开始，这是多么大的荣幸！"这充分体现了中哈两国领导人和两国人民之间的友好关系。哈萨克斯坦国际级教练、著名马拉松运动员巴尔塔巴耶夫说："哈萨克人有句俗语说'兴奋在心里是装不下的'，在圣火即将到来之际，我就是这种心情。"他说，人生下来就从太阳那里获得一部分能量，4月2日我将从希腊最好的太阳那里得来的圣火中补充能量。哈萨克斯坦报纸4月1日均在头版显著位置介绍了奥运圣火抵达的盛况。哈《体育报》文章说，圣火抵达阿拉木图是难忘的时刻，是善良战胜邪恶、光明战胜黑暗的时刻，是哈萨克斯坦人民和世界人民同时站在奥运舞台的时刻。"这一重大事件后，我们不可能什么都不改变，明亮的圣火净化了我们的心灵"。

8月8日晚北京奥运会开幕之际，哈萨克斯坦各大媒体和官方网站对开幕式进行了充分报道。哈萨克斯坦通讯社对北京奥运会开幕式进行了跟踪报道，第一时间将开幕式盛况传递给哈萨克斯坦人民。

8月9日，哈萨克斯坦《真理报》头版头条发表了《北京点燃希望》的署名文章，详细报道了北京奥运会开幕式盛况。文章说，世界上40亿左右观众目睹了弥足珍贵、史无前例的奥运开幕式盛况，特别是北京神话般的夜晚给那些有幸进入"鸟巢"的观众留下了永久的、难以忘怀的印记。文章指出，北京奥运会开幕式没有辜负人们的期待，甚至超出了人们的想象。这一盛况是难以忘怀、如梦如幻、充满激情的，同时科技含量很高，向人们展示了美妙、博大精深的中国历史和文化长卷。此外，该报从即日起开办专版，及时报道北京奥运会赛况。

8月15日，哈萨克斯坦《真理报》发表文章说，毫无疑问，阿斯塔纳和阿拉木图在准备2011年亚冬会时，应该借鉴北京奥运会的成功经验，认为北京奥运会有其鲜明特点，开幕式选在2008年8月8日晚上8点举行本身就很有创意，也浸透着中国文化内涵；比赛场馆建设之迅速和宏伟都是世界一流的，相信北京奥运会一定能够办成前所未有的体育盛会。

难忘的一次灭蝗大战

张维利

（中国外交部欧亚司参赞，原驻哈萨克斯坦使馆参赞）

1992 年 7 月，我到外交部工作后第一次出国，即随中国青年联合会代表团到访独立不久的哈萨克斯坦。这是一个美丽辽阔的中亚大国。

刚下飞机，我即被雪山脚下停放着成排成排大小各异、用途不同的各型号飞机的阿拉木图机场所震撼。巍峨耸立的麦迪奥雪山，宁静流淌的伊犁河水汇聚而成的卡普恰盖水库，热情奔放、好客的哈萨克百姓，以及中亚民族特有的丰富多彩的美食和水果，都给我留下深刻的印象。

后来，我又于 2001 年至 2006 年常驻哈萨克斯坦使馆，工作和生活中的许多点点滴滴使我结下了深厚的哈萨克斯坦情结。其中，2004 年夏天那场突如其来的中哈联合灭蝗大战，一直令我难以忘怀。

张维利在哈萨克斯坦。

哈萨克斯坦与中国之间有 1700 多公里的边界线，其中很多地方自古以来是两国游牧民族放牧的草场。牧场丰茂的水草养育着世世代代生活在草原上的牧民，牵系着两国边民的心。但是，进入 2000 年以后，新疆地区蝗虫灾害高发，特别是与哈国接壤的边境草原，每年受灾面积都在数千万亩左右。这些蝗虫跨越国界，肆意迁徙，危害牧场和农田，给当地人民生产、生活以及生态造成了巨大危害。

　　为了防治蝗虫，经双方友好协商，中哈两国于 2002 年专门签署了《中华人民共和国农业部和哈萨克斯坦共和国农业部关于防治蝗虫及其他农作物病虫害合作的协议》。而就在该协议签署后一年半，2004 年夏天，中哈边境地区就爆发了严重的蝗灾。

　　据监测，大批的亚洲飞蝗和意大利蝗自中哈边界哈方一侧向新疆阿勒泰吉木乃地区扩散。这些蝗虫成群结队，密度为每平方米 1000—3000 只，宽 200 公里，纵深达 50 公里，遮天蔽日。飞蝗所过之处，无论是农田的庄稼，还是草原上的牧场，都被一扫而光。

中哈边境地区蝗虫成灾。

中国农业部及新疆自治区政府高度重视治蝗工作，并调拨专款用于救灾。国务院主管领导看到情况汇报后立即指示：要高度重视并采取得力措施，把此次蝗虫灾害控制在最低程度。农业部要进一步协助和支持地方，组织好对入境蝗虫的防治工作。外交部要通过外交途径与哈萨克斯坦方面交涉，协同防治，以减轻中方压力。当日，李肇星部长要求外交部欧亚司和中国驻哈萨克斯坦使馆同时向哈方提出紧急交涉。

接到部长的亲自指示，周晓沛大使立刻交代我起草致哈萨克斯坦外交部的照会。我当时在使馆双边组工作，负责两国外交部之间的具体交涉事宜。我当即拟就了照会，派秘书直接送达哈国外交部。

6月底，蝗灾继续蔓延加重。中方决定组织人员跨境灭蝗，并由新疆方面与哈国边境州县直接联系。然而，中哈地方政府就蝗虫防治问题进行初次工作接触后却未能达成一致。

7月5日，事情出现了转机。当日，哈外交部照会我驻哈使馆，提出希望双方根据2002年12月签署的关于防蝗虫及其他病虫害合作协定，于7月8日至15日在东哈萨克斯坦州和阿拉木图州的一些边境地区对蝗虫灾害进行联合考察。使馆领导立即命我将此信息通报国内。但第二天，我地方外办却回告，鉴于我境内灭蝗工作进展顺利，且双方边境地区已就此进行了沟通和磋商，同意各自在本国境内灭蝗，我不跨境作业，也不再与哈方共同作业。我将这一情况作了汇报，大使命我仍要继续予以密切关注。这一变化，使本已启动的联合灭蝗行动计划暂时处于停滞状态。

到了7月中旬，情况出现新的变化。7月14日，我主管部门通知哈萨克斯坦驻华使馆，由于蝗情出现了反复，中方同意哈方关于在哈境内几个边境毗邻区进行联合治蝗考察的建议，并提出考察时间改为 19 日至 29 日。同时指出，由于我方边境地区蝗虫灾害严重，希望双方有关部门加强沟通与合作，共同防治灾害，在必要情况下，允许中方飞机、机械进行跨境灭蝗作业，并向哈方提供了我方专家组名单。

7 月 16 日，外交部欧亚司指示驻哈使馆就联合灭蝗事紧急与哈方协商。周晓沛大使立即打电话给哈外交部主管官员，就联合治蝗行动做哈方工作。与此同时，外交部欧亚司司长周力根据部领导的指示，也紧急约见哈驻华使馆临时代办。

7 月 20 日，驻哈使馆收到哈外交部的复照，同意于 7 月 19 日至 29 日与我开展联合考察，然后根据考察情况决定是否开展联合治蝗、是否需要中方飞机及机械进入哈方境内作业。同时，哈方向我提供了由 5 名植物保护专家组成的考察组名单。收到照会后，为加快办案效率，我立即按馆领导的指示，打电话通报外交部。欧亚司立即将上述消息转告了农业部国际合作司。没过多长时间，我办公桌上的电话再次响起。哈外交部亚非司参赞萨尔辛别科夫告诉我，经内部认真研究，哈农业部同意由两国有关部门在哈中边境地区开展联合治蝗行动，允许中方飞机、机械进行跨境灭蝗作业。

然而，就在我们为终于获得哈方许可而感到松了一口气的时候，孰料第二天风云突变。7 月 21 日一早，萨尔辛别科夫参赞一上班就把电话打到我办公室，称根据哈境内的蝗灾情况，经再次研究，哈农业部认为，由于哈方在哈中边境哈方一侧采取了一系列治蝗行动，目前该地区已基本无蝗虫。另外，由于灭蝗最佳时机已过，哈方认为双方已没有必要再采取联合灭蝗行动。如中方认为有必要，双方可进行联合考察行动。哈方已向中方提供了哈方专家名单，中方可提出联合考察的具体日期。

中哈治蝗合作第五次
联合工作组会议

　　真是一波未平，一波又起。我农业部于第二天照会哈驻华使馆，通知哈方，中方将按原计划派治蝗联合考察组一行5人于7月24日赴哈。当日，我农业部一名副部长亲自飞抵新疆，现场指导灭蝗工作，与专家组共同研究制定中哈联合治蝗考察方案。

　　7月22日，哈方最终确认，将按中方建议时间接待中方专家组赴哈考察。此后，通过双方各部门通力合作，蝗虫灾害被遏制住了，两国首次防治蝗虫联合行动取得了预期成效。

　　李肇星部长对新疆地区治蝗的后续工作十分关心。他不时询问有关情况，并嘱：此次蝗灾较重，关系到老百姓的切身利益，驻外使馆对这类事件一定要高度重视，做好相关工作。驻哈使馆这次工作做得怎么样？如果做得好，要表扬；做得不好，要批评。过了不久，使馆受到了外交部的表扬。当然，我心里也是甜甜的。

　　从此以后，中哈两国边境地区联合治蝗工作一直密切有序地进行。双方联手对付这种"非传统安全威胁"，也增进了两国人民之间的传统友谊。

丝路精神的传承者

——中哈石油人的故事

蒋 奇

（中国石油阿克纠宾公司原总经理）

哈萨克斯坦是古丝绸之路上的一颗璀璨明珠。自 1997 年开始，中国与哈萨克斯坦开展油气合作，结下了丰硕的成果，为两国人民友好交流增添了新的篇章，中哈石油人成为丝路精神的传承者。

自 1995 年第一次踏入哈萨克斯坦到 2005 年离开，我在哈萨克斯坦工作了整整十年。回想当年，浮想联翩。我见证了中哈油气合作从无到有、从疑问到收获的过程，也难以忘怀那些为中哈油气合作作出巨大贡献的丝路传承者。希望这些发生在我身边的故事能激励新一代的丝路人继续奋斗，为中哈人民友谊作出贡献。

回馈哈国社会

2000 年 4 月，中国石油天然气集团公司副总经理吴耀文来到中国石油阿克纠宾公司检查指导工作。访问期间，吴耀文与阿克纠宾州州长穆欣进行了一次深入的会谈。穆欣高度评价了中方对阿克纠宾州社会和经济发展所作的贡献，他指出，中国石油投资修通扎那诺尔—阿克纠宾输气管道，并将公司所产天然气以低价销售给当地居民，有力地解决了阿克纠宾州冬季的取暖问题。吴耀文则承诺公司将继续为当地的农业、文教卫生、体育等领域提供支持。

会谈结束后，第一副州长找我，希望准备一个会谈纪要，以便日后执行。考虑到州府承诺为我们加快办理劳务许可、征地等，如能书面记录下来，也便于工作的推进，所以我提议准备一个合作备忘录，将我们已完成的工作和计划完成的工作都明确下来。当天夜里，我就拉着公司的法律专家与州经济局局长一起整理出了中国石油与阿克纠宾州府的经济合作备忘录。第二天下午，吴耀文与州长正式签署。没想到的是，州长在记者招待会上当场宣读了备忘录。当时我还有点担心，因为这相当于让全社会都来监督中石油与阿克纠宾州的承诺。但吴总告诉我，我们不怕社会监督，备忘录体现了州府与中石油真诚合作的愿望，我们投资者就需要当地政府的明确支持，中国石油也是说话算数的，目的就是为当地社会创造福祉。中石油与州府签署合作备忘录的消息公开后，引起哈国政府和社会的广泛好评。时任哈国总理托卡耶夫与中国石油代表团会晤时，高度评价吴总与穆欣州长卓有成效的会谈，并指出，备忘录是哈政府、阿克纠宾州与中国石油天然气集团公司及阿克纠宾油气股份公司之间达成的相互理解，他对此表示满意。

　　根据这份备忘录，中国石油阿克纠宾公司每年都为当地农业生产、教育机构、医院、残疾人机构、孤儿院、疗养院、幼儿园、疾病防治机构等提供资金和设备支持，包括派遣两名优秀的乒乓球教练到阿克纠宾培训运动员，建立一个年产90吨蔬菜的温室基地，四季提供西红柿、黄瓜等新鲜蔬菜，后来又陆续种植了鲜花。

　　在执行完第一份备忘录后，我们又陆续与州府签署了新的备忘录，开展了许多具有历史意义的社会性项目，其中印象最深的就是修缮夏令营和向退伍老兵赠送住宅。

　　苏联时期，很多大企业都拥有自己的夏令营，职工子女可

中石油在阿克纠宾修建的温室农业基地和赠送的救护车。

以分期分批免费在暑假进入夏令营休息娱乐。阿克纠宾公司在市郊也拥有一座夏令营，名叫"石油工作者"。夏令营地处小山脚下，溪流环绕，绿树成荫，环境优美。由于实行了私有化，开放夏令营需要大笔的开销，所以很多企业要么卖掉改作他用，要么收费开放。我们的夏令营怎么办？吴总指示，要继续免费开办夏令营，还要扩大接待能力并改善条件，要让石油工

人的孩子以自己的父母为荣。

我们专门划拨一笔费用来保证夏令营的运营，每年都能接待上千名孩子，公司总经理都亲自出席开营典礼，祝愿孩子们生活愉快。我们不仅安排当地员工的子女，还安排暑假来阿克纠宾探亲的中方员工子女参加夏令营，与他们一起生活。当时，我也把自己刚到阿克纠宾的孩子送到夏令营。因为语言不通，第一天晚上她一直不肯睡觉，夏令营老师就搂着她睡，给她唱儿歌。第二天她就与当地孩子们打成了一片，还参加体育比赛、舞蹈训练，打扮成十足的哈萨克女孩。如今她在美国上大学，与同校的哈萨克女同学自然而然就成了好朋友。

向二战老兵赠送住宅的行动至今仍让我深受感动。当时公司在阿克纠宾市内有一栋未完工的住宅楼，由于供水供电等公共工程问题一直没有得到解决，成了一座烂尾楼。公司内部研

"石油工作者"夏令营的中哈孩子们

究时，有领导提议将住宅楼装修后，在反法西斯战争胜利 58 周年之际与州府共同组织活动，赠送给二战老兵，以表达对他们的敬意。我找新任州长提出建议后，他非常高兴，亲自打电话给电力部门解决供水供电等外围工程。为了确保工期，我们组织公司下属建设队伍用了 3 个多月时间完成装修，并与州府共同审查确定了赠送对象名单，名单中也包括参加过中国东北抗日战争的老兵。5 月 5 日，在胜利节来临之前，州府与我们共同举行了一个赠房仪式，我和州长向老兵们赠送房间钥匙，

并参观了几家已搬入的家庭。许多老人紧紧拉住我的手,满含热泪地说:"谢谢中国石油公司,谢谢中国人民。"

中国石油阿克纠宾公司为当地社会所作的贡献,得到了哈萨克斯坦政府领导和普通百姓的衷心称赞。当地老百姓竖起大拇指说:"中国石油公司不仅救活了我们的油田,还给老百姓做了那么多实事,我们欢迎这样的投资者!"

默默耕耘的"筑路人"

中哈油气管道不仅将丰富的哈萨克斯坦油气资源输送到购买力强的中国市场,而且成为两国人民友好的纽带。如果说当年的驼队是承载古丝绸之路的载体,那么,今天的中哈油气管道就是新丝路的象征,而从事管道建设的石油人就是新丝路的筑路人。

2005年12月,中哈原油管道一期工程投产时,纳扎尔巴耶夫总统说:"当我1997年提议修建这条管道时,所有人都认为这是天方夜谭……现在，整个地区都在沸腾，哈中两国的经济必将得到进一步的发展！"确如总统所言，中哈原油管道的建设过程并非一帆风顺，而是克服了众多困难，在两国有识之士共同推动下，顶着来自不同方向的压力，一步一个脚印才走到了今天。有无数的筑路人为这条新丝路默默耕耘。曾任哈国家油气公司总裁的卡贝尔金，从一开始就坚定推动中哈油气管道建设。

我与卡贝尔金是在1997年相识的，当时他是刚成立的哈萨克输油公司副总裁，参与了当年中哈石油合作协议的谈判。在我担任中哈油气管道建设协调委员会中方主席期间，他是哈方主席，所以我俩经常在一起开会研究问题。在我的印象中，他温文尔雅，专家味儿十足，但关键时刻会与你吵得面红耳赤，不欢而散。我与卡贝尔金商谈最多的项目是肯阿管道，即从肯基亚克到阿特劳的原油管道，全长448公里。2000年底，我参加了哈政府副总理主持召开的专题会议，副总理要求我们配合支持哈输油公司修建肯阿管道。会后，卡贝尔金给我介绍了项目的可行性研究结果，希望我们同意提供稳定的油源。我当场同意，但希望能获得稳定的出口保证。卡贝尔金拍着胸脯保证，只要中方同意供应原油，他一定会协调中国公司的原油出口配额。2001年12月，经过几轮磋商，我们在阿拉木图成立了中哈间第一个管道合资企业"西北管道（输油）公司"。我和卡贝尔金都是合资公司董事会成员。

肯阿管道是哈萨克斯坦独立后修建的第一条原油管道。经过不到一年的施工，2003年3月28日竣工投产。卡贝尔金为肯阿管道建设倾注了很大的心血，多次和我一起乘直升机巡视施工现场。中途，我们还降落到哈萨克牧民的院子里，席地而坐喝奶茶。在他的极力推荐下，我第一次喝了骆驼奶，口感

酸酸的，似乎还带一点酒精。

2003 年，我们共同组织了中哈原油管道一期的可行性研究。我们一起乘车踏勘中哈原油管道，路过巴尔喀什湖时，卡贝尔金坚持拉着我一起跳入湖中戏水，让我感受了哈萨克人民的豪爽和淳朴。2005 年年底，我离开了哈萨克斯坦，而卡贝尔金继续参与组织了中哈原油管道二期和中哈天然气管道的建设。

唤醒沉睡的宝藏

肯基亚克盐下油田既是中国石油接手阿克纠宾项目后组织建设的第一个新油田，也是一个难啃的老油田。由于地下状况异常复杂，尽管油田已发现 20 多年，却始终未能投入开发。1997 年，我们进入阿克纠宾项目时，哈政府无偿将开采许可证授予了中国石油，希望依靠中方的技术和资金，将这块沉睡多年的宝藏开发出来。正当我们组织物探队开展 3D 地震勘探的前夕，政府突然决定中止油田许可证效力，理由是我们没有完成投资义务。但实际情况是，公司已完成对历史资料的研究和全面诊断，并已制定下一步工作计划，马上就要开展具体物探工作了。而且，石油合同规定的投资期限尚未结束，完全谈不上是否完成投资义务。所以，我相信，只要向政府说明情况，一定能恢复许可证效力。经过五个月的申辩、解释和谈判，政府最终作出了恢复许可证效力的决定。当我拿着决议回到阿克纠宾时，总经理兴奋地拥抱着我说："这是蒋奇为我们公司带来的最好祝福。"现在看来，真要感谢哈能源部和地质委员会里那些正直的领导和专家，如没有他们的理解和支持，盐下油田说不定到现在还没有得到开发。

为解决钻井难题，中国石油总部派来了最有经验的钻井老总，现场指导工作。经过中哈专家的共同努力，盐下油田相继完钻和投产了多口高产井，实现了历史性突破。当时吴总还提出了新的工作思路，就是将油气混输到40公里以外的让那诺尔油气处理厂集中处理。建设运营距离如此之长、输量如此之

肯基亚克盐下油田新井试油。

大的油气混输管道，在世界上都是少有的，这无疑是一个巨大的技术挑战。经过实地勘察和计算机模拟计算，我们在最短时间内完成了肯基亚克—让那诺尔油气混输管道建设并顺利投产，实现了盐下油田的高效清洁开发。通过攻关和创新，我们将油田产量从 2002 年的 6.14 万吨提高到 2005 年的 167.6 万吨，将不可动用的可采储量转变为可以高效开发的优质储量，让沉睡多年的地下宝藏得以开发利用。

难忘的两次总理来访

随着中国石油阿克纠宾公司对当地社会经济发展和人民生活水平提高的贡献越来越大，公司也越来越多地受到政府的关注和青睐，经常有政府代表团来公司参观和指导。历届政府总理每年都来公司检查指导工作，给我印象最深的是托卡耶夫和阿赫梅多夫总理来访。

2000 年 5 月底，时任政府总理托卡耶夫来我公司，听取了工作汇报，并来到油田现场，了解公司生产经营状况和当地员工的生活情况。我们也汇报了公司经营中遇到的困难，包括原油出口配额、中国专家的劳动许可和农业欠款等问题。托卡耶夫当场表态，会在不久后组织的明斯克会议上解决我们公司的原油出口配额，也会责成相关部门加快办理中国专家的劳务许可，同时希望公司尽量多地使用和培养哈萨克斯坦专家。总理要求我们加快完成老天然气处理厂的改造，向州里供应更多的天然气。中午吃饭的时候，他还用中文与我们交流，回忆他在中国担任外交官的生涯以及他对哈中友好重要性的认识，鼓励我们安心在哈萨克斯坦工作，为哈中友好多作贡献。临别时，我请他为公司题词，他欣然写下"祝

托卡耶夫总理（前排
右5）访问中国石油阿
克纠宾公司。

阿克纠宾公司圆满成功"。

2003 年 8 月，时任政府总理阿赫梅多夫计划访问阿克纠宾。获悉这个消息时，我刚好在北京参加会议，此时距总理的访问只有 3 天了。为了赶在总理访问前回到阿克纠宾，我第二天一大早就从北京飞往乌鲁木齐，然后转机到中哈边境城市伊宁，再连夜坐汽车通过公路边境检查站赶到阿拉木图，第三天飞到阿斯塔纳，再转乘安 –24 飞机到阿克纠宾。经过近 48 小时的奔波，我终于在总理来访前赶到了。我向阿赫梅多夫汇报公司生产经营成果，并陪同参观了新厂。总理对由中方设计、施工和以中国设备为主的新油气处理厂赞不绝口，认为中国人比美国人干得好。他对中石油认真履行投资义务、积极参与支持当地政府工作给予了高度评价，赞扬中石油为在哈其他投资者树立了一个很好的榜样。

阿赫梅多夫总理（前排左2）称赞中国石油是外国投资者的榜样。

丝路新驿站

2001年9月，时任中国国务院总理朱镕基访问哈萨克斯坦。纳扎尔巴耶夫总统提议在阿斯塔纳建设一座中国风格的酒店，朱总理当场接受了这个提议，并安排给了代表团中的中国石油领导。中国石油总部要求我们立即与阿斯塔纳市府沟通，尽快组织实施两国领导人达成的共识。我首先拜会了阿斯塔纳市市长，他告诉我，总统与中国总理会谈时他就在现场，总统也要求他尽快与中国石油商谈此事。按照总统的指示，他已经把阿斯塔纳最好的位置划给了中方，请中方尽快派遣设计专家来哈，完成勘察设计后上报市政规划部门批准就可施工。

从市长办公室出来后，我立即进行了汇报。北京总部非常重视，决定聘请一流的建筑设计院来完成设计工作。北京中建建筑设计院在接到任务后也非常重视，立即与我们取得联系，并派出5人专家组，与阿斯塔纳城建规划部门的专家进行了交流。原先规划的是两栋连体圆柱形现代化酒店，为了体现中国风格，我们将酒店外形设计为一只昂首的凤凰，取"百鸟朝凤"的含义，并设计了逐级上攀的屋檐，象征"节节高升"。整个大楼的外形构思寄托了中国石油人祝愿哈萨克斯坦人民生活越来越幸福的心愿。为了能让当地人很快记住酒店，我建议为大楼取名"北京大厦"。

北京大厦的设计方案获得批准后，我们举行了隆重的奠基仪式，阿斯塔纳市市长舒克耶夫和中国石油领导一起出席并致辞。市长说，北京大厦处在新商业中心的中心地段，具有象征意义。他坚信，市府将与中国公司共同完成这个"总统布置的任务"。为了体现北京大厦的重要性，市府还把北京大厦项目列入庆祝阿斯塔纳建都十周年的重点工程，主管城建的副市长每周都定期来工地检查进展，帮助我们解决建筑员工的劳务许可办理和物资清关工作。

2008年9月，北京大厦如期竣工投用。纳扎尔巴耶夫总统亲临酒店视察，并说当初是他提议建设北京大厦的，他一直希望阿斯塔纳市拥有一座中国特色的建筑，今天大厦终于建成了，他为此感到高兴。如今，功能齐全的北京大厦已成为哈萨

克斯坦接待各国政要的定点宾馆，承担起丝路经济文化交流的桥梁与平台，为哈萨克斯坦与世界的交流作出自己的贡献。

"乌米特"希望的诞生

为了实现公司持续稳定的发展，我们积极申请参加哈油气资源的风险勘探。经过竞标，2002 年我们获得滨里海盆地东缘中区块的油气资源勘探权。2005 年 6 月，公司第二口探井获得日产近 200 立方米的工业油流。这是哈萨克斯坦独立后最大的油气发现，为该国油气工业的持续发展提供了扎实的资源基础。新发现的油田被公司命名为"乌米特"（哈语中"乌米特"的意思是"希望"），而这个"乌米特"诞生的过程却充满了戏剧性。

最初参加招标时，公司看上的是与现油田邻近的北区块。为了增加中标可能性，我专门请州长出具了推荐信，建议政府在同等条件下优先将许可证授予中国石油。还亲自到能矿部部长办公室，汇报了中国石油希望为哈国油气资源勘查作贡献的意愿。但后来获悉，参加该区块竞标的公司很多，竞争激烈。为此，我赶紧向领导汇报，并按预案填报了参与评价排在第二位的中区块竞标标书。最后，我们赢得了临时填报的中区块的许可证。

勘探工作一波三折。2004 年，经过反复论证的第一口探井出师不利，最后被证实为干井。到底问题出在哪里？是不是真的没有希望？我把公司总地质师叫到办公室，让他逐一排查，看看到底什么环节出了问题。说到最后，他突然小心翼翼地说，莫非解释构造时使用的速度场出了问题，因为所需的参数都是以前的老资料。我连夜下令寻找服务商，对新探井进行了测试，并根据获得的数据建立了新的速度场，而依据新速度

中国石油赢得滨里海盆地东缘中区块油气勘探许可证。

场完成的构造解释与原来的评价结果大相径庭。

　　2004 年 10 月，根据新解释出的构造图，冒着失败的压力和风险，我们又开钻了第二口探井。这口井终于没有让我们失望，第二年 6 月探井出油的消息传遍公司。考虑到这个构造出了油，相邻的构造肯定能找到石油，公司研究院院长拍着胸脯说："蒋总，你就等着抱金娃娃吧。"这让我兴奋不已，因为这是我亲自组织评价、谈判和签约获得的区块，也是我在经历了第一口干井的痛苦煎熬后冒着风险决策的探井。我把公司哈方副总经理和工会主席请到办公室，说我们发现了新的资源，这是我们公司的希望，也是阿克纠宾州人民的希望。我提议，按当地油田发现后命名的习惯，用哈语来命名，要代表"希望"的含义。自此，中区块发现的新油田就有了一个响亮的名字——"乌米特"。

　　后来，在中区块的其他构造上陆续发现很多新油田。中区块已成为公司产量新的增长点，也为阿克纠宾州经济持续增长带来了新希望。

石油梦 丝路情

孟繁春

（中石油中亚天然气管道有限公司总经理）

　　我是一名石油管道人。在 30 多年的职业生涯里，我有幸在非洲、中亚参与和组织了多个中石油海外油气管道项目，例如 1998 年投产的苏丹穆格莱德 1/2/4 区原油长输管道项目、2002 年投产的苏丹六区原油长输管道项目等。特别是 2004 年起，我相继参与建设了中哈油气管道和中亚天然气管道项目，这些沿着古丝绸之路延伸的油气管道，不仅为中哈油气合作奠定了新的丰碑，也为中国与中亚国家悠久的历史交往和经济合作增添了靓丽的现代色彩。

　　每当想起哈萨克斯坦那空旷寂冷的戈壁荒原和坦荡无垠的碧绿草场上，管道如同钢铁长龙一般绵延在起伏的大地，那一张张真诚友善的笑脸、一双双坚定紧握的双手就浮现在我的面前，将我带回到中哈建设者们携手奋战的火热年代……

完成 "不可能完成的工程"

　　2004 年夏初，波及全球的非典疫情渐渐平息，很多重大对外合作项目重新启动。就在那年 6 月，一纸调令将我从尼罗河畔的苏丹调到中亚腹地哈萨克斯坦，负责组建中哈原油管道有限公司，并担任中哈原油管道公司第一副总经理、中哈原油管道项目总经理。

　　消息来得突然，时间更为紧迫。我紧急赶到阿拉木图后才具体了解到：管道一期西起哈萨克斯坦阿塔苏，东至中国阿拉山口，全长962.2公里，一期设计年输油量1000万吨，是一个规模非常大的管道项目。

更让我震惊的是，项目要求9月现场开工，2005年底必须完工投产，整个筹备期加施工期一共不到20个月！可是，按照国际惯例，大型管道项目从公司成立到EPC（即工程总承包）合同签订一般需要1年以上时间；从EPC合同签订到主体工程正式开工，期间还有施工许可及报批、焊接工艺评定、施工队伍和设备动迁等大量的前期工作要做，这至少需要4个月时间；正式施工期更长达2到3年。

与苏丹一望无际的沙漠不同，哈萨克斯坦连绵无际的草原、白雪皑皑的雪山令人陶醉。可是我根本没心思欣赏美丽的风景，满脑子想的都是双方股东下达的死命令。因为中哈原油管道公司是中哈企业合作的第一个股比为50%:50%的公司，从公司管理制度到管理模式都无惯例可循，大家只能结合以往的工作经验，在合作上做文章，合作共建、压力共担。没有合作，一切都是空谈！

由于中哈在语言、文化背景、工作观念等方面都存在差异，在合资公司组织机构和管理人员配备上，双方刚一接触就产生了分歧。为了拿出让各自都信服的解决办法，我和哈方总经理朱马季拉耶夫商定：放下分歧，一个月内各自先拿出一套项目整体实施计划和招标文件，然后再作决定。

不到一个月，当中方人员将按照国际惯例编制的厚厚几大本EPC总承包工程招标文件和一套详细完整的项目整体实施计划放在朱马季拉耶夫办公桌上的时候，他一下子全明白了。他说："孟先生，有你带领这样有实力和经验的中方管理队伍，这个项目我心里有底。你就全权负责指挥项目建设吧！我们一起合作，不再争论，让他们看看我们如何完成这项'不可能完

成的工程'！"

朱马季拉耶夫的确说到做到。从这以后，只要符合合资公司整体利益的事，他都全力支持我，哈方员工对我也十分尊重。

面对各方都认为是"不可能完成的工程"，中哈合资公司和项目各参建方都拼了！良好的合作使项目快速推进，2004年9月28日，中哈原油管道工程在阿塔苏如期开工。

"祖国和人民不会忘记你！"

管道建设是一项庞大复杂的系统工程。中哈原油管道在哈境内跨越三个州，沿线经过100多公里沙漠区、400多公里无人区和40公里沼泽地，需穿越11条河流、3条铁路和15条公路，施工难度非常大。

2005年8月底，中哈股东在青岛召开了股东会。会上，项目咨询商德国 ILF 公司向中哈股东汇报了项目进度：由中国石油天然气管道工程有限公司（CPPE）负责建设的 B 段总共 368 公里管线段，已完成线路焊接 331 公里。由哈萨克斯坦石油管道建设公司（KCC）负责的 A 段总共 592 公里管线段，还剩余线路焊接 207 公里。此外，挖沟和回填也相对滞后，照此下去，11 月底将无法完成全部管线下沟回填的目标。这一结果令各方倍感压力。经过激烈讨论，大家一致同意由合资公司管理层和甲乙双方专家组成联合工作组进驻现场，协调施工管理工作。

9 月初，联合工作组进驻 KCC 项目部巴尔喀什，随即深入沿线各施工营地，在管沟旁、工棚里和施工操作手、小队长们作拉家式的聊天，充分了解他们的困难，听取他们的意见。工作组还在现场对施工资源进行了地毯式核查。在摸清现场情况后，工作组立即召开现场工作会，当即决定增加新设备和现场管理人员，抽调 CPPE 部分设备到 KCC 段，帮助 KCC 解决施工应急所需。

不等会议结束，合资公司施工部中方经理立马站起来要从巴尔喀什奔赴沙雅克，赶到 CPPE 施工营地落实增援方案。合资公司哈方协调员夏夫达尔问他为什么这么着急，不等吃完午饭再走。他说，饭可以等我，但工作不会等我。夏夫达尔知道，那可是 10 多个小时的车程。他顾不得那是在会议场合，激动得拉住中方经理的手，以一个老布尔什维克的语气说："祖国和人民不会忘记你！"

此次会议结束时，联合工作组代表合资公司与 KCC 及分包商签订了完工责任书，明确了滞后关键工序的完工时间。各单位还将这道"军令状"张贴在施工营地每个办公室门上。同时，联合工作组的成员顾不上休息，分成几个小组分别扑到 KCC 各施工营地。当时已近冬季，气温有时降至零下 20 摄氏

度，工作组的成员就在这 300 多公里的无人区里和 KCC 的员工们吃住在一起，每天早上 5 点起床，5 点 30 分准时赶赴施工现场，爬沟翻梁，每天工作 10 个小时以上。

9 月，我与周晓沛大使、朱马季拉耶夫总经理一起赴施工现场检查。一连 3 天，我们一行乘米 –8 直升机分赴 3 个管道施工点，在巴尔喀什湖听取了哈方公司负责人的汇报，还到实地了解情况。周大使特别转达了哈国总理对项目的关注和对现场施工人员的问候，并强调这是一项光荣的政治任务，只能提前优质完成，不容半点延误和闪失。

上级的关怀使建设人员士气大涨。记得在现场，KCC 负责施工的副总经理对我说，我干过很多工程，业主给我的印象就是成天坐在办公室动笔批文的老板，可这次你们让我看到了一个不同寻常的业主，一个真正能为我们解决问题的业主，一

个真诚把我们当朋友的合作伙伴。

随着施工资源的不断补充和工作组的全力督导协调，KCC现场施工速度和质量很快得到了提升。最终，KCC段在11月初全部完成了焊接任务，11月底完成全部回填，合作再一次使不可能完成的任务变成可能。

送嫁哈萨克的"管道新娘"

2005年11月14日，位于阿拉山口的中哈原油管道末站现场彩旗飘扬，我们在阿拉山口举行了"黄金焊口"庆典仪式。阿拉山口是新疆的三大风口之一，但我清楚地记得：当天，肆虐多日的大风消停了，湛蓝的天空远远飘着几朵白云，明媚的阳光照耀着冬日的边陲小镇，温暖而祥和。

在我和朱马季拉耶夫共同发出焊接命令后，顷刻间，焊花飞溅，位于中哈边境2.2公里处中方一侧的最后一道焊口——"黄金焊口"成功焊接完毕，宣告中哈原油管道主体工程顺利完工。哈方代表兴奋地说："我们是在送嫁一位哈萨克的'管道新娘'。"

参加庆典仪式的哈萨克斯坦国家石油天然气管道公司副总裁卡贝尔金在致辞中说，中哈原油管道实现跨国对接是两国石油界精诚合作的又一典范。两国建设者克服重重阻碍，以难以置信的施工速度，仅用了一年半的时间便完成了一般需要3年才能完成的管道施工任务，中哈两国的石油人有理由为这一成果感到自豪！

在场的我深深理解卡贝尔金这段真诚的致辞。记得有一次在巴尔喀什和他一起现场检查工作时，他跟我说："孟先生，你知道吗？我们哈国有个谚语，要想自己家富裕起来，就得找一个富裕的人家做邻居，如今高速发展的中国正好带动了我们哈国取得快速发展。"我说："卡贝尔金先生，我们中国也有一个谚语，叫'远亲不如近邻'。"

当天，我和朱马季拉耶夫还特意下到管沟里，在"黄金焊口"旁照了一张握手的合影。第二天，中哈两国主流媒体都刊登了这张照片。我多年未见的一位国内朋友还给我打电话说，你也不在非洲工作了，咋还晒得像个黑人啊？我呵呵一笑，个中滋味也许只有亲身经历过的人才能品味吧。

作为工程的总指挥，我深深地知道，这收获的喜悦背后是多少建设者辛勤的付出！春夏之际，10米每秒以上的劲风扬起漫天细沙，吹得人都站不稳。进入6月，天气逐渐炎热、干旱，气温高达40多度。施工人员置身于烈日下、热浪中，连呼吸都变得困难起来。从早到晚，汗流如注，只有靠大量饮水来补

充水分，每人每日的饮水量均在 5 升以上。可以说，和那些长时间奋战在现场的建设者相比，我晒黑了点、累点、苦点，这又算得了什么呢！

中哈原油管道投产后，哈萨克斯坦政府对在哈工作的外国公司优秀管理者进行表彰时，我被授予了哈萨克斯坦总统国家劳动勋章。

28 个月创造奇迹

适应全球经济快速发展和对清洁能源的迫切需求，2007 年，中亚天然气管道项目准备开建。这条管道起自土、乌边境的格达依姆，途经乌兹别克斯坦、哈萨克斯坦，到达中国新疆的霍尔果斯，全长 1833 公里。其中哈国段 1300 公里，这是继中哈原油管道项目后两国再次携手合作建设的又一重大工程。

根据工作需要，我带领中哈原油管道公司部分骨干转战新

中亚天然气管道哈国段投产庆典仪式上，时任中国国家主席胡锦涛与哈萨克斯坦总统纳扎尔巴耶夫共同按动通气阀门。

的工作岗位，参与筹备中亚天然气管道项目。这条横跨土、乌、哈、中四国的天然气管道同样面临着时间紧、任务重的巨大挑战。根据协定，从 2007 年 7 月项目签署到 2009 年年底通气，只有不到两年半的时间，而国际上同等规模的天然气管道建设一般需要五六年的时间

值得庆幸的是，在拥有多年合作经历的哈国伙伴的支持下，尤其在中哈原油管道成功合作的基础上，中哈双方终于不辱使命，历时 28 个月使中亚天然气管道 A 线建成投产。期间，参建各方付出的辛苦和努力可见一斑。

2009 年 12 月 12 日，中亚天然气管道哈国境内段建成投产仪式在阿斯塔纳举行。正在哈萨克斯坦进行工作访问的时任中国国家主席胡锦涛和哈萨克斯坦总统纳扎尔巴耶夫出席庆典仪式并发表讲话，对中哈天然气管道竣工表示热烈祝贺。

我当时正在霍尔果斯末站分会场通过视频观看典礼。随着两国元首一同按下点火阀门，霍尔果斯末站的放空阀点燃的熊

熊火焰照亮了新疆边陲小镇的夜空。寂静的小镇沸腾了，周围的人群沸腾了，无论中国人、哈国人，无论业主方、承包商，"乌拉"的欢呼声此起彼伏。

我的心情也和大家一样，不管是这 28 个月的不眠不休，还是最后 20 多天跟着天然气的气头从土乌边境一直到中国境内一路上的风餐露宿，当听到国家元首致辞中冠以"英雄的建设者们"的称谓时，所有的艰辛都化作骄傲。在这冷热交融的感觉中，我不觉潸然泪下，也许只有共同奋斗过的战友才会理解这是怎样的艰辛和骄傲。工作中，虽然与哈方合作伙伴有争论、有磨合，但也正是在这样的合作与坚持中，我们成功了！由此结下的深厚友谊也将是我们最宝贵的财富。

随着管道顺利投产运行，更大的挑战又摆在了我们面前。中亚天然气管道是在不采用联合体模式情况下由多个法律主体分别负责建设和运营的跨多国长输管道，没有统一的法律商务平台，可其压力、输量等技术参数的调配却是在一个系统上。如何实现多方联合、平稳运行调度，在世界范围内很难找到可借鉴的成熟模式。

为解决管道跨多国建设运行的多重障碍，在应急状况下协同联动，急需一个组织能把跨国管道涉及的上、中、下游有效联系在一起。为此，我带领工作组与管道沿线的供气方、输气方、接气方多次沟通后，创造性地成立了"中亚天然气管道运行协调委员会"，形成了四国多方联合运行调度工作机制，由我兼任协调委员会秘书长。该委员会自 2009 年 11 月成立，到 2015 年年中，轮流由土、乌、哈、中组织的每半年一次的协调会已召开了 12 期，有效保证了中亚天然气管道的安全、平稳运行。

2014 年 9 月，第 11 期协调会在阿拉木图召开。当通报中亚天然气管道累计输气超过 950 亿立方米时，会场顿时响

起热烈的掌声。这掌声是为了这巨额输量，同时，也是给予大家的鼓励。

2014年9月13日，中国国家主席习近平与塔吉克斯坦总统埃莫马利·拉赫蒙共同出席中国—中亚天然气管道D线塔吉克斯坦段开工仪式。

会间休息时，与会的哈方朋友拉着我问："孟，听说中亚D线开工了，虽然D线不走哈国，但作为合作多年的朋友，我真心希望D线一切顺利！"当我告诉他，我刚刚从杜尚别参加完中亚D线开工典礼过来时，他竖起大拇指说："中国，麻拉界次（好样的）！"

从丝绸文明古国到中亚安西，悠悠驼铃的友谊大路绵延千年。正是这样的油气合作大型项目，使得中国与中亚各国人民密切合作，以崭新的精神风貌建设了一条条"能源新丝路"。正如纳扎尔巴耶夫总统将中哈两国油气领域的合作誉为"哈中经贸合作的典范"一样，真心希望哈中合作精神沿着"丝绸之路经济带"生根、发芽、开花、结果！

礼篇

点点滴滴在心头 ◂

在加加林升空的发射台上 ◂

我与中国结缘 ◂

中亚明珠 ◂

中国亲历记 ◂

君子以同道为朋 ◂

中国——我的爱 ◂

那些人，那些事 ◂

中国医生和我的病友 ◂

我与中国的故事 ◂

点点滴滴在心头

——忆哈国独立之初的难忘岁月

尹树广

（香港文汇报副总编辑，人民日报前驻中亚五国首席记者）

"一切都是瞬间，一切都将过去，而那过去了的，将变成美好的回忆。"普希金的这句诗家喻户晓，用它比喻我在独立之初的哈萨克斯坦度过的四年时光再贴切不过了。

大包小裹赴任像逃荒

1994 年 7 月 8 日中午，我和夫人从乌鲁木齐乘坐新疆航空公司的班机，飞越白雪皑皑的外伊犁阿拉套山，1 小时 24 分钟后抵达"苹果之城"阿拉木图。当时苏联解体两年半，哈萨克斯坦百废待兴，《人民日报》在此建记者站所需的一切都要"自力更生"。幸好我在新航有老同学，"走后门"随身带了七八个大纸箱子，被褥、四季衣物、工具书、花椒、大料、酱油等一应俱全。走出飞机搬行李可就惨了，双肩背，两手拎，累得满身大汗，活像个逃荒的难民。抬头东望，远处的麦迪奥雪山在阳光下发出银白色的光芒，凉风拂面，心情稍微舒缓了些许。

那时的阿拉木图机场虽说是国际机场，却小得可怜，国际航班也只有从莫斯科、基辅、塔什干等原苏联大城市，以及伊斯坦布尔等少数几个"远外国"城市飞来的。使馆新闻官杨家荣在机场出口热情迎候，用面包车把我们送到甘肃省商业厅在当地开的中哈实业有限公司招待所暂住。说是招待所，其实就

尹树广赴任之初在阿拉木图总统府留影。

是中国人在当地租的两套三室一厅单元房，从兰州聘请了一位面点师，每天做牛肉拉面、拉条子和烙饼，房费每人一天20美元，包早餐午餐。身在异国他乡，能吃上可口的中国饭菜，我已感到很知足了。

听老杨介绍完工作条件，我顿时傻了眼。阿拉木图虽为一国之都，但充其量像我国一座边陲省城，不仅没有外交公寓，连外交部官员也是从各部门抽调的。租房子、安装国际传真电话、修马桶……啥事儿都要自己跑。

翻开报纸，打开电视，各种坏消息扑面而来：埃基巴斯图兹等大煤矿亏损严重，工人的工资被拖欠，罢工此起彼伏，失业率居高不下，真让人对哈国的明天缺乏信心。我每天经过的富尔曼诺夫大街和"绿市场"等繁华地段，马路两旁的下岗工人扎堆成群，身旁立着找工作的纸牌子或木牌子，看了让人揪心。

冬天停电停气是家常便饭

1994年和1995年冬天，天寒地冻，居民采暖、用电和用天然气做饭都成为大问题。当时，哈国天然气是通过乌兹别克斯坦管道供应的，管道经过吉尔吉斯斯坦，吉国的用户光用气不给钱，乌国干脆"断气"，下游的哈国可遭了殃。供气量锐减，灶台上只有微弱的小火苗，炖一锅牛肉土豆胡萝卜要用小半天才能熟。集中供热严重不足，屋里温度也就十二三度，居民只好打开天然气烧铁板取暖。在房间里写稿，要披上厚厚的毛毯。经常停电，更使传真机发稿成了大难题。

1995年2月，纳扎尔巴耶夫总统在一次州长会议上承认，1994年国家通胀率为1250%，经济十分困难，主要是因为苏联解体和各加盟共和国之间的传统经济联系中断造成的。阿拉木图媒体惊呼，国家"已到了1941年伟大卫国战争后最艰难的时刻了"，形势严峻的程度可见一斑。

"黑的"现象是阿拉木图一大怪

生存或死亡，这是个现实问题。独立之初人们面临的生存危机，在今天是难以想象的。1994年8月17日，《人民日报》刊登了我发回的第一篇特写——"在阿拉木图'打的'"，真实描述了当时的状况：

走在阿拉木图街头，任何一辆从你身边驶过的汽车都可能是你的"出租车"，司机的职业形形色色。一位30多岁的军官司机是三个孩子的父亲。他告诉我，"作为一个军人跑出租我很难为情。妻子在家要照顾三个孩子，我每月只有1600坚戈的薪水，很难维持一家五口人的生活花销，只好想办法再找点收入了。"得知我是中国记者，他叮嘱"要为我保密啊！"当时，打的价格靠"面议"，一般是每公里6坚戈。要知道，一公斤鲜牛奶5坚戈，一公斤西红柿10坚戈，一个大面包3坚戈，多挣10块钱可以顶大事啊！

一次，在市中心百货商店门前，一辆破旧的黄色面包车停在我面前。司机28岁，是位俄罗斯族小伙，在共和国宫工作。他的车是从单位租赁的，每个月上缴3000坚戈，允许下班后自由使用，但油费自理。他说，自己每月工资才700多坚戈，只有靠业余时间"多拉快跑"，用多赚的千把坚戈补贴家用。阿市居民平均工资是600坚戈，老人养老金仅150坚戈……业余时间开出租车反映了当时艰苦的社会经济生活的一个侧面……

何老师的"中国情"

克拉拉·哈菲佐娃是哈国著名汉学家、历史学家，也是我敬重的大姐。不知何故，认识她的中国人都喜欢叫她何老师。何老师和她的母亲"巴布什卡"（俄文"奶奶"）给了我许多关心和照顾，让我们全家体会到哈萨克民族热情、善良和质朴的性格。前不久，我从香港打电话给"巴布什卡"，告诉她老人家"我们很想您"。90多岁的她声音洪亮，在电话那头喊道："那就快点过来看看我吧！"

我最初住在巴伊扎科夫大街和加里宁大街交汇处，往坡下走几条街就是何老师家了。有时我带着 Marry（我养的圣伯纳犬的名字）散步，就到她家坐一坐。何老师待我像亲弟弟一样，经常打电话邀我去家里做客。这时，满头银发的"巴布什卡"就会端出亲手做的萨姆萨（羊肉包子）、面馕、点心和酸奶等好吃的，泡上红茶，摆上自制的草莓酱招待我。

何老师与中国有着不解之缘。一次，我问她为啥选择汉语专业，她说："新中国成立时，我正在上小学。爸妈给我订了份《少年真理报》，上面经常刊登有关中国的文章，当时就梦想当一名东方学家。"她出身于农民家庭，生活不富裕，父母不让报考莫斯科和列宁格勒（今圣彼得堡）的大学。她在中学做了两年辅导员后，于1958年考上塔什干大学东方语言系。1962年，她到北京大学中文系进修汉语。那时中苏关系已经恶化，中国学生不敢同她讲话，人们开始凭布票和粮票买东西，吃不饱，课本也没有。

大学毕业后，何老师被分配到乌兹别克加盟共和国撒马尔罕市一所中学教汉语，后考上苏联科学院东方学研究所硕士研究生，主修清史和中苏边界问题，毕业后回到母校塔什干大学，任东方系中文教研室主任。哈萨克斯坦独立后，她受聘到总统战略研究所任高级研究员。何老师对哈国汉语教学和推广功不可没，桃李满天下，学生遍布外交部、商务部

哈菲佐娃 1996 年元旦
赠给尹树广夫妇的照片

和高校等各个部门。

我在接触中逐渐感到，何老师身上最可贵的，是她坚守的知识分子求真、务实、敢言的品格。苏联解体之初，中国无良商人的假冒伪劣商品潮水般涌入当地，她不止一次直言不讳地批评"中国倒爷"，向中国朋友投诉中国政府"应该好好管一管了"。中亚曾是苏联的反华前哨，"中国威胁论"在社会上很有市场。何老师流露出这种担心，但又颇有理性，经常在报刊上客观介绍中国的内外政策，尤其推崇邓小平提出的改革开放政策；主张中哈世代友好，加强双方文化交流和人员往来，减少误解。

"小小中国文化中心"

何老师家两室一厅，她的卧室兼书房两面都是高及天花板的大书架，上面密密麻麻摆满了中俄文图书资料。她的女儿叫娜济拉，曾用略带哈语腔的普通话告诉我："我们家经常有中国客人来，这些书就像是小小的中国文化中心。"娜济拉二十出头，瓜子脸、高挑个儿，皮肤白皙，话不太多，笑起来很甜，是个标准的哈萨克美女。或许受妈妈影响，她读了大学医学系两年，突然改学汉语，之后在哈国立大学念硕士研究生，硕士论文题目是"论唐朝柳宗元的散文"。看着我吃惊的表情，何老师脸上写满了自豪——俄罗斯还没有人做这个课题研究呢！我猜想，娜济拉一定是受妈妈耳濡目染，才走上了汉学家之路的。她硕士毕业后，嫁给了一位俄罗斯外交官，生了三个孩子。"巴布什卡"和何老师经常飞去莫斯科，看望女儿、女婿和可爱的外孙外孙女，祖孙四代人其乐融融。

何老师最钟情的是搜集、翻译和研究哈萨克汗国与清王朝关系的中文史料，为此她还在学习满文。她最常提到的词汇是"清史稿"。何老师喜欢思考和提出问题，工作起来不知疲倦，就像沙漠中一直往前走的骆驼一样。她曾告诉我为何选择清史："我早就有种感觉，应当把中国史料介绍给我国学者，所以，从70年代起我就开始做这项工作。到1975年，翻译了许多史料；1989年发表了一部分，有《清朝与哈萨克汗国的关系》、《大清历朝史录》、《平定准噶尔方略》、《魏源的〈圣武记〉》等，都是内部发行的。1995年，翻译了明史中涉及西域的部分资料。"她既享受着工作带来的成就感，又感到其中的无助与无奈。在哈国做学问要坐冷板凳，官方投入很少。比方说，她耗尽心血完成了一本有关中国明朝在中亚的外交政策的书稿，交给出版社，结果足足压了五年才出版。尽管困难重重，看到自己的书终于要出版了，她兴奋得像个孩子。

50 多岁获得博士学位

何老师追求学问几乎到了痴迷的程度。1996年1月的一天，我去她家刚落座，她便高兴地对我讲："小尹，我通过俄罗斯科学院远东所的博士答辩了，课题是"中国与中亚外交"。你知道吗？答辩导师有著名汉学家齐赫文斯基院士、历史学家梅什尼科夫等四家学术机构代表。我是他们的第二位博士。"早在苏联解体之前，她就开始准备博士论文了，长达五年。一个50多岁的女学者，上有老下有小，生活艰辛，却凭着锲而不舍的毅力拿下世界知名学术机构的博士学位，这精神真叫人感动。她还鼓励我报考哈萨克国立大学在职硕士研究生，课题都帮我定好了——"当代中哈关系的现状和前景"。她劝我说，你是记者，接触的人和事多，为什么不拿个硕士学位呢？何老师长期在哈国立大学当教授，答应做我的导师。可惜，人民日报社有规定，不许驻外记者边工作边考硕士博士，主要还是因为我自己胆小，"硕士梦"只能泡汤了。

哈国独立后，急需中国问题专家，于是，何老师从哈国立大学调到哈总统战略研究所任研究员，给高层出谋划策。她认为，中哈之间的困难主要是互不了解，哈国也亟须探索并找到发展之路，中国的改革经验特别值得借鉴。她曾向我发过牢骚，感慨自己的学生都跑去做生意了，从事中国文化和历史研究的人越来越少了，但她愿意坚持下去。

行胜于言。除在总统战略研究所做研究工作外，她还带两名硕士研究生，一个研究李清照诗词，另一个研究中国成语。她的动机很简单，"中国普通人都知道普希金和托尔斯泰是谁，哈萨克斯坦也要有这样的人才。"

何老师为何愿意自己找罪受？为何对学问孜孜以求？后来我理解了，这是苏联老一代知识分子对国家和民族的责任感和使命感使然，因此，苏维埃政权才能从国内战争和二战的灾难和废墟中很快站立起来，建设成强大的国家。现在哈萨克斯坦独立了，她唯有更加努力地工作。

细述细君公主的故事

说实话，来中亚之前，我对丝绸之路的历史知之甚少，尤其对西域各民族错综复杂的关系似懂非懂。为了恶补这方面知识，我从苏北海和魏良弢等大学者的专著中学了许多，何老师也是我就教的老师之一。记得 1996 年 6 月在总统战略研究所大楼采访何老师，主要是谈中国与西域各民族的交往史。一见面，她便用普通话给我背诵了一首闻所未闻的古诗："吾家嫁我兮天一方，远托异国兮乌孙王。穹庐为室兮毡为墙，以肉为食兮酪为浆。居常土思兮内心伤，愿为黄鹄兮归故乡。"

她讲解道，这里说的是一个中国古代的和亲故事。公元前 115 年，西汉王朝的细君公主离开中原，远嫁给乌孙王（中国古籍称哈萨克人的祖先为乌孙人）。当时，西汉皇帝对西域各国采取和亲政策，为的是保持与周边各民族的和平友好关系。这首"边塞诗"反映了细君公主的绵绵思乡之情。更重要的是，它证明中国人与哈萨克人自古就存在着友好交往关系。何老师一会儿说到张骞出使西域，一会儿又讲到唐玄奘西天取经，思绪仿佛飞翔在浩渺的丝路古道上。

1996 年 6 月 14 日，在江泽民主席访问哈国前夕，中国驻哈使馆在阿拉木图历史博物馆举办《中国·今天与未来》文化展，纳扎尔巴耶夫总统亲自参观，我当时现场采访。他特别引用了何老师所提供的材料：加强与中国在人文领域的合作具有重大意义。我们的学者需要获得中国古代的历史文献和资料，可从中寻找到我们自己的历史。独立后，哈萨克人才开始认真研究本国历史。我们过去只学习苏联史和俄国史，而对本国史却不太清楚。当我们开始寻根时，只有在中国历史典籍中才能找到答案。

醉心《清史稿》翻译填补空白

何老师数次去北京故宫博物院和皇史宬查阅清朝档案文献，重点是查找清朝与哈萨克汗国之间关系的记载。根据《清史稿》中大量的珍贵文献，结合自己的研究成果，她出版了《14—19世纪的中国中亚外交》等专著，填补了哈萨克斯坦历史研究的空白。

何老师的研究是开创性的。因为哈萨克人自古为游牧民族，没有书面语言，只有弹唱诗人阿肯用口口相传的形式记录历史。哈族祖先的历史最早可追溯到司马迁的《史记》。纳扎尔巴耶夫总统十分重视本国历史，不止一次引用中国典籍中关于哈萨克祖先的记载，以振奋民族自豪感。当然，只有圈里的很少一部分人才知道何老师付出的艰辛。虽然对国家的贡献很大，她却从不自夸，也不抱怨，她可以说是哈萨克知识分子的优秀代表。

难忘的"烛光交谈"

1995 年，何老师去兰州大学做外教一年，我和夫人常去她家里看望"巴布什卡"。奶奶个子不高，慈眉善目，脸上永远挂着笑容，头上永远扎着一方哈萨克劳动妇女最喜欢的花头巾，显得利落而干练。她快人快语，总愿意与我分享自己的欢乐和苦恼。

一次，刚坐下就停电了。"巴布什卡"不知从哪儿摸出一根蜡烛，慢慢点上，借着微弱的烛光，天南海北地向我讲起故事来。那年是苏联卫国战争胜利 50 周年，俄罗斯和独联体各国隆重庆祝。"巴布什卡"兴奋地告诉我，叶利钦总统太好了，他送给全苏联所有前线老战士，包括像她这样的"后方前线"劳动者一个节日大礼——一张往返原苏联各地的机票。"巴布什卡"的外孙女娜济拉当时在莫斯科，老人家免费去莫斯科住了一阵子，开心极了。她还津津有味地给我讲述哈萨克人古老的"抢婚"传统。前不久，她一个亲戚的儿子就抢到一个漂亮的哈萨克姑娘，姑娘起初又哭又闹，但现在已生儿育女，生活得很幸福。这次"烛光谈话"让我听得有滋有味，至今难忘。

"巴布什卡"和女儿一样，热爱中国和中国文化。1997年夏天，中国电视剧《三国演义》翻译成哈语，在哈国家电视台热播。我一天下午去看"巴布什卡"时，她刚看完一集。见面时，她一边抹眼泪，一边伤感地说："多好的人啊！为什么要杀他呢？人死了还不算，还要把他的头和身子分在两处。"原来，她看完关羽父子败走麦城、惨遭杀害一集，正"看《三国》，替古人担忧"呢！

何老师经常在报刊和广播电视上介绍中国文化，这次也不例外。她告诉我："1995 年访问中国时，曾感受到中国观众是如何喜欢这部戏。我相信，古装戏可以让我们更好地认识中国人和中国文化，认识他们的精神和性格。"

"巴布什卡"如今已90多岁了。今年"五一"前夕，我打电话给她，告诉她我们全家都很想念她。听到她亲切的声音，我的思绪又飞回到1998年盛夏离别的时刻。知道我马上要见到出生刚10个月的宝贝女儿，细心的她亲手将积攒的紫罗兰色羊毛捻成线，织成一双厚厚的羊毛小袜子，叮嘱我一定让小宝贝天冷时穿上它，"在北京可买不到这样暖和的"。虽然女儿现已长成大姑娘了，但我和夫人还悉心保留着这件特殊的礼物，看到它，就像看到"巴布什卡"慈祥的面孔一样。

"傲慢"的柯斯佳

见到中国人，中亚人喜欢引用先知穆罕默德的一句话：知识虽远在中国，亦当求之。孔子云：三人行，必有我师。在中亚的每一天，我都学习着丝绸之路沿线各族人民的丰富知识和智慧财富。

康斯坦丁·瑟罗耶日金（柯斯佳）是哈萨克斯坦重量级的国际问题学者、汉学家，以研究中国现代政治，特别是新疆问题著称。上世纪80年代初，他曾在苏联远东地区当兵，后获得历史学博士学位，分配到哈萨克加盟共和国科学院维吾尔研究所做研究，90年代初到哈总统战略研究所任资深研究员，后升任副所长。

何老师是我和柯斯佳的"红娘"。1994年下半年第一次见到他，印象并不怎么好。来到他的办公室，柯斯佳显得不屑一顾的样子，很冷淡，脸上没有一丝笑容。谈话中，我问一句，他答一句，感觉他对中国不太"友好"。后来，一次到战略所看何老师，随手带了几份刚收到的《人民日报》，顺便给隔壁

1999 年，尹树广与瑟罗耶日金在上海外滩。

的柯斯佳几份。那时没有互联网，有关中国的信息很稀缺，我手上的《人民日报》是从北京航寄过来的，很及时，更显珍贵。柯斯佳收到了"特殊的礼物"，微微一笑，说了声"谢谢"。一来二往地接触多了，我发现他表面冷、心里热，待人挺实在的，尤其是治学严谨，求真务实，观察各种国际问题眼光独到，对上不曲意逢迎，是典型的俄罗斯知识分子性格。他跟我讲过一个细节，被任命为副所长时，总统首席智囊塔任找他正式谈话，他是穿着牛仔裤去见的，一副"老子天下第一"的模样。这样实在的学者朋友我当然要交了。

一晚过两个"元旦"

与柯斯佳相处，最难忘的是 1997 年最后一夜，在他家里"守岁"的情景。那天晚上，我与柯斯佳、他的太太娜达莎及几个好友聚首一堂，又喝又唱，伏特加、啤酒、红酒"三中全会"。时针指向零点后，柯斯佳打开一瓶莫斯科香槟酒，大家举杯互道"新年快乐！"

"守岁"还在继续，接下来是迎接"俄罗斯元旦"的到来。阿拉木图时间要早莫斯科三个小时（夏时制），为迎接莫斯科的新年钟声，大家要再等三个小时。最后，我们索性坐到地毯上，继续大口吃肉、大口喝酒，放肆地扯开嗓子吼起来。当电视屏幕上的克里姆林宫斯巴斯克塔楼自鸣钟"铛——铛——铛"敲响时，柯斯佳打开另一瓶香槟酒，大家一阵狂喝，然后紧紧地拥抱在一起，彼此献上世上最美好的祝福。柯斯佳告诉我，苏联时期这里大多数家庭都是以这种方式通宵达旦地迎接"两个新年"的，现在苏联没有了，这个传统仍旧保留了下来。

在丝绸之路的心脏地带，我一天过了"两个元旦"，有一种说不出的快感，觉得哈国的确是一个多民族和谐共存的欧亚大国，是一个各民族都能够共存共荣的大家庭。

柯斯佳善于从地缘政治经济、大国关系和国家利益角度观察问题，观点透彻深刻，具前瞻性；何老师的优势是哈、中、俄三国情况"通吃"，多从历史和文化角度分析问题，观点独树一帜。这两位优秀的学者对我的新闻采访帮助最大，我们之间的深厚友谊一直保持到现在。我到香港文汇报工作后，柯斯佳还时常接受香港文汇报采访，让更多的香港同胞了解哈萨克斯坦，了解中亚。

亲爱的朋友，"拉赫麦特！"

自古以来，伟大的丝绸之路将中国与中亚连接起来，谱写出一段段感人至深的佳话。独立 20 多年来，因为有了何老师、柯斯佳和"巴布什卡"这样一大批哈萨克斯坦朋友，中哈友谊之树才生长得如此茁壮挺拔，根深叶繁。

在中亚四年间，帮助过我的哈萨克斯坦和中国的领导和朋友数不胜数，没有他们的理解和支持，我不可能完成人民日报的建站和采访报道任务。当时的外长托卡耶夫、总统新闻秘书古阿内舍夫、外交部新闻司一秘法尔哈特等向我提供过许多帮助；中国驻哈大使馆陈棣和李辉大使及使馆外交官、《经济日报》记者李雷夫妇等，都是我尊敬的领导和师长；还有哈萨克斯坦新闻界的许多同行，包括法新社驻中亚首席记者马克和夫人伊琳娜等外国记者都是我的好朋友。他们的名字就像春天哈萨克草原上灿烂开放的花朵一样，数不清，望不尽。我想道一声：亲爱朋友们，"拉赫麦特"（哈语"谢谢"）！

在 20 世纪最后的岁月，有幸见证并记录哈国独立之初这段波澜壮阔的历史画卷，在伟大的丝绸之路上续写中国与中亚各国人民的友谊，这是多么值得骄傲和幸福的事啊！这些点点滴滴的记忆，已成为我一生的财富，永不磨灭！

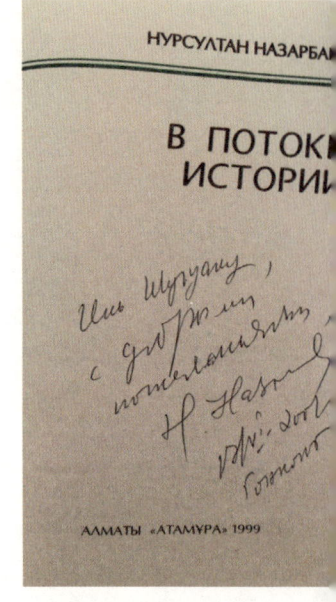

2001 年 6 月 17 日，纳扎尔巴耶夫总统访港期间，在自己的专著扉页上为尹树广签名留念：尹树广，谨致以良好的祝愿，努·纳扎尔巴耶夫，2001 年 6 月 17 日，香港。

在加加林升空的发射台上

——访问拜科努尔航天城追记

姚培生

（中国前驻哈萨克斯坦大使）

2003 年 8 月 28 日清晨 7 点 47 分，我与夫人在哈萨克斯坦拜科努尔航天城的观察台上亲眼目睹了俄罗斯"进步"号货运飞船奋力冲上蓝天的壮观场面。就此，我访问航天城的愿望终于得以实现。

走了总统的"后门"

我是宇航科学的爱好者，经常收集、阅读这一领域的新闻、资料，而实地考察和观看飞船发射实况更是我多年的愿望。2000 年 2 月到哈萨克斯坦任职后，我就一直设法寻机访问拜科努尔航天城。到任不久，我就向哈政府有关官员提出了访问的要求。对方说，外国大使单独访问尚无先例，如能成行，必须得到哈萨克斯坦和俄罗斯两国政府有关部门的批准，一般很不容易。2000 年 11 月国际空间站首批机组人员准备登站前，我向哈外交部提出了正式申请，要求访问航天城并实地观看载人飞船升空实况。哈外交部以接待困难为由婉拒了我的申请，同时表示以后争取机会。

然而，到 2003 年 7 月仍无音讯，我有些着急，因为我在哈的任期快要结束了。8 月初，哈外交部安排我与纳扎尔巴耶夫总统作辞行会见，我决定利用此机走一下"后门"。那次会见中，总统对我的工作夸奖了一番，并授予我友谊奖章，以表彰我在任期内为两国关系发展作出的努力。我向总统表示谢意并对他说，我来哈工作已三年半，希望离任之前能实地看一看拜科努尔航天城，谨望总统关注。总统听后满口答应，并当即指示在场的外交部领导记下此事。

两周后，哈外交部照会使馆称，大使往访的申请已获批准，本月下旬即可成行。据哈外交部官员讲，由于拜科努尔的特殊地位和管理体制，办理访问的程序比较复杂。申请必须经过俄哈两国外交、国家安全、航空航天等六个部门的会签，行文至少 2 个月。由于总统亲自过问了此事，我才能在短短 20 天的时间里顺利办妥手续。看来总统这个"后门"是最可靠的。

拜科努尔的"两国两制"

8 月 26 日，我与夫人及使馆陪同人员从阿拉木图乘飞机经过 3 个小时的飞行，于中午抵达拜科努尔。该市副市长和俄哈两国安全部、航天局代表等官员到机场迎接，俄士兵还组成小型仪仗队向我们致意，当地几家媒体的记者也到机场采访。市安全保卫局局长告诉我，他将全程陪同我们访问。

从机场驱车约 40 分钟，我们到达了拜科努尔市，守备军人详细查验了车证和每个人的身份证后才拉起挡杆放行。又行驶了 10 分钟，我们到达了下榻的拜科努尔宾馆。宾馆也由军人守备。陪同告诉我们，这是一个老宾馆，但是全市最好的宾馆之一，以前的苏联领导人和高级官员都在这里住过，并关照我们没事不要随便离开宾馆。使馆随行同志说，这里不大像城市，更像是军事管制区。我说，毕竟以前这里是苏联最神秘的地方：导弹发射的试验、侦察卫星的运行、各类飞船的起降，都主要靠拜科努尔，它是真正的中枢神经地。

"拜科努尔"是个统称，实际上由社会综合体即拜科努尔市（行政生活区）和科学技术综合体即发射场两大部分组成。苏联解体后，拜科努尔的命运曾引起国际舆论的关注，俄国内有些人主张放弃它而在俄境内重建一个。哈国内也有一些人主张将此地完全置于本国控制之下。但是经过谈判，双方都很理智，既算了经济账，也算了政治账。结论是：合伙，双方都得利；散伙，双方都吃亏。根据哈俄两国政府1994年签订的协定，哈从1995年起将拜科努尔租赁给俄罗斯使用20年，俄每年向哈支付1.15亿美元租金；规定拜市的市长和发射场主任必须由哈俄两国总统共同任命（均由俄罗斯籍人士担任），可谓全世界最牛的市长和主任了。哈总统向该市派驻全权代表，以保障哈公民的司法权和宪法权。哈法院、检察院和国家航空航天局、军事委员会及其他国家机关可在市内履行法定的职能。在该市，哈公民按哈法律行事，俄公民按俄法律行事，所有银行不论属哪家，均按哈法律运营。但市内通用货币只有俄罗斯卢布。电信、网络由俄方控制，哈境内手机进入该市，必须加俄地区号后才能使用。我问陪同官员如何解决当地学生就学问题。他说，这里有哈俄两种学校并实行两种教育体制，但都由市俄罗斯教育局统一领导和监督教学进程。看来，这里既不像"一国两制"，也不像"两国一制"，倒有点像是"两国两制"。在世界其他地方，恐怕还找不到这种管理模式。纳扎尔巴耶夫曾将这个航天城比喻为"难侍弄的孩子"，说"这是苏联生养的伟大孩子，变成了俄罗斯和哈萨克斯坦共有的、难以侍弄但又让人喜爱的孩子，他从来没承认过，谁对他来说更亲近些"。这位总统是个处置复杂问题的高手。2004年，哈俄双方又签署了续租至2050年的协议。

10 月 24 日——航天城忌日

我们首先在拜科努尔市（也就是生活区）参观了加加林公园、科罗廖夫公园、扬格尔公园、城市奠基纪念碑、火箭试验罹难人员纪念碑和拜市历史博物馆。这些纪念地叙述了整个城市的发展历程和航天工作者的科学献身精神。

拜科努尔曾经使用过 6 个名称，1995 年才正式定为现名。频繁地改名是为了迷惑外界，以前地图上也从不标出它的准确位置。苏联选在此处建航天城主要考虑了两个因素：一是安全保密好。这里比较偏僻，处于苏联中亚地区腹地，离边境很远，外人很难进入。用陪同人员的话说，"连苍蝇都飞不进去"。

拜科努尔航天发射场
（供图：FOTOE）

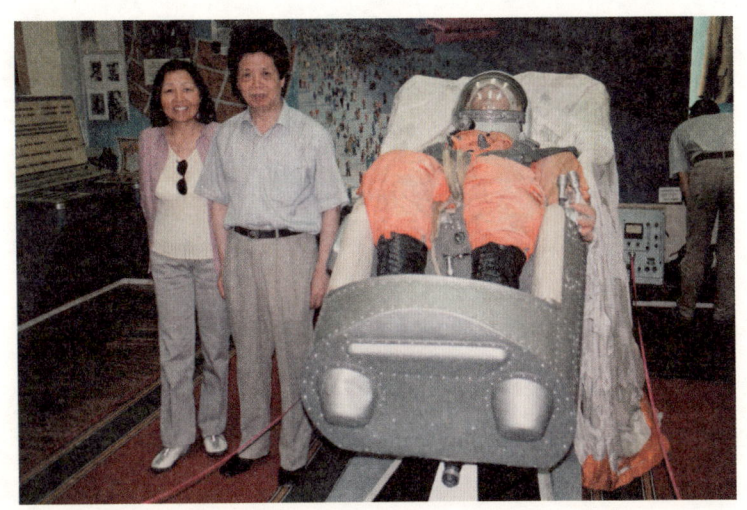

二是发射飞行器的气候条件好。这里降水较少，一年中平均有300个晴天。不过，这里的生存条件极为恶劣，夏季气温高达零上45摄氏度，冬季气温可降至零下40摄氏度；盐渍化土壤中的水又苦又涩。

市博物馆的讲解员告诉我们，在建城的最初年代，开拓者克服了现代人难以想象的困难，说他们当时是在"拼命"一点也不夸张。在拜谒火箭试验罹难人员纪念碑的时候，我们的心灵受到极大震撼。碑文上写道："纪念在1960年10月24日P-16洲际导弹试验过程中罹难的战略导弹部队司令、炮兵主帅涅杰林等76位烈士。"多年后，苏联官方才披露了事故原因。那是1960年10月24日清晨，耸立在发射架上的苏联第一枚洲际导弹P-16在接受发射指令后没有动静，此时现场总指挥涅杰林指示技术人员走出地下掩体，搭起工作平台检查箭体部件，他本人也在箭体旁查看。不料此时第二级火箭突然爆炸，涅杰林等76人当场罹难，其中57人为军人，19人为工程技术人员。这些英烈中多数是年轻人。这恐怕是世界航天史上最大的一次事故了。三年后的 10 月 24 日，发射场又发生了意外事故，6 人遇难。管理部门遂作出决定，今后每年的 10 月 24 日作为缅怀日，不再发射任何飞行器。即使有再重要的发射任务，也须避开这个不幸的日子。这些烈士的名字已被用来命名拜科努尔市的各条街道。我向烈士纪念碑献了鲜花，并在每个烈士墓前默哀致意。

在"暴风雪"号航天飞机上的感叹

访问的第二天，我们按计划参观了发射场，也就是真正的工作区域。整个发射区域东西长 125 公里、南北宽 85 公里，场内有 11 个组装试验大楼、9 个发射综合设施、1 个测量设施、8 个发射井（用于试验 PC-18、PC-20 等型洲际导弹）和 2 个燃料加注站。

陪同官员先破例安排我们参观了飞船总组装大楼。这是航天城里最核心的地方，一般不让外人进入参观，我们的到访属特例。负责人热情地接待了我们，并简要介绍了这座楼的功能和正在车间里组装的"联盟"号飞船。发射场内的外部环境与我的想象反差很大：场内的道路高低不平，周围杂草丛生；运载航天器的铁路似多年未整修过，轨道路基上有很多鼠洞，接送科技人员上下班的火车十分陈旧；场内多数大楼和设施已经老化，有的已被废弃。难道这就是世界顶级的航天中心？陪同官员告诉我们，发射场里的大部分楼宇、设施需要改造或重建，可政府一下子拿不出大量资金。

陪同人员送给我的一份材料说，苏联解体后的一段时间里，拜科努尔运营十分困难，简直揭不开锅，职工连续几个月领不

到工资，退休人员也不能及时领到养老金，少数人忍痛离开了这个令别人向往的地方。甚至还出现了一些混乱，部分设施遭到破坏性拆除。最令我费解的是，苏联时期耗费巨资研制的"暴风雪"号航天飞机样机遭到了摧残：机腹的一些隔热瓦被人撬走，舷窗的玻璃硬被人砸碎。陪同人员还带我们登上样机的机背察看惨状。样机的材料与1988年试飞成功的那架飞船完全一样。当初，为了与美国一比高下，苏联工程设计和技术人员耗时近10年，造出了这架可多次使用的"暴风雪"号，并为其建立了庞大复杂的服务设施综合体。"暴风雪"号的某些性能甚至优于美国航天飞机，特别是它装备了先进的自动起降系统，可惜，它仅完成了一次使命就寿终正寝。

拜科努尔走过的历程最能说明冷战时期苏美竞争的激烈与残酷，以及苏联解体对俄罗斯和其他新独立国家的巨大冲击。50年来，这里有撼动乾坤的大喜，也有震惊全球的大悲。但没有人能料到，一个存在了70年的苏联"忽喇喇似大厦倾"，会在一夜之间解体。陪同官员问我对苏联解体的看法，我说，这是个复杂的政治数学猜想了，留待专家学者们继续探讨吧。俄罗斯谚语说："只要结局好，过去就算了。"你瞧，大家庭分开了，合作又恢复了，拜科努尔不就是例子吗？

在飞船发射台上接受俄记者采访

看完"暴风雪"号，我们直奔加加林发射台，这是人类走向宇宙空间的第一起跑点，正巧赶上"联盟–FG"运载火箭搭载"进步–M48"号货运飞船已安装在发射架上——现在大部分载人飞船仍从这里升空。我们又破例被允许登上发射平台

姚培生夫妇与发射场副总指挥在贵宾观察台前。

详细观看火箭和飞船。我原来以为"联盟"号是小家伙，贴近它时才发现也是个庞然大物，约有 30 层楼高。发射副总指挥告诉我，"进步"号准备就绪，正在接受最后测试，只待明早升空，这次任务主要是为国际空间站运送燃料、水、氧气和给养。这将是"进步"系列货运飞船第 102 次飞行。此时，俄罗斯电视 2 频道正在发射现场录制节目，该台一位女记者主动走上前来采访我，首先问："大使先生，据说贵国在准备发射第一艘载人飞船，您此访是否与此有关？"我说："我国已进行了 4 次无人驾驶试飞，均获得成功。相信中国人不久也会圆自己的飞天梦。"

当天中午，市长梅津采夫在市政府设宴款待我们。席间气氛热烈，市长多次表示希望加强俄中宇航合作。他说，虽然经历了苏联解体的冲击，但俄太空飞行器发射技术和设备仍居世界领先地位，发射事故率仅为千分之一，研制、发射成本远低于美国和欧洲。他希望能为中国提供商业发射服务。

加加林树保佑着他的后来者

　　我们又参观了苏联宇航之父科罗廖夫和加加林生活工作过的小屋和发射场博物馆。讲解员不仅详细介绍了科罗廖夫的生平、才华和他对苏联国防、科技事业的杰出贡献，还讲了一些趣闻。科罗廖夫在航天城工作期间，不允许任何女性进入他的办公室和住所。每当发射前夕，他总在自己的房间里长时间地来回踱步，手里捏着一枚硬币，时不时扔到地上，又拿起来，看看正面还是背面向上，似乎在祈祷着什么。我想，一个再伟大的科学家也不是神，也许他是在用这种方式释放自己的精神压力，毕竟宇航员的生命安全大于天、重于山。

　　在参观加加林小屋时，陪同人员告诉我们，加加林乘坐的"东方"号飞船实际上没有单独的逃生系统。这令我十分惊讶。如果真是这样，那加加林当时已作好不归的准备。但他出

姚培生夫妇与陪同人员在加加林起跑点。

发前是如此的镇静，心动速率与平时几乎相同，真不愧为世界航天第一人！我们到访时，加加林返航后亲手种植的一棵榆树已40多岁，树皮已皱裂剥落，下部树杈已干枯。陪同人员告诉我们，第一次升空的宇航员一般都要在加加林树上剥下一小块树皮带在身边，以求加加林保佑他们平安飞返。我和夫人也剥了一小片。

在航天城博物馆，我仔细观看了每一件展品，它们都是一代代航天人智慧和汗水的结晶。不过加加林飞船的发射操纵台给我留下了特别深刻的印象：外观非常简陋，乍一看就像放在旧货店里的一台不起眼的洗衣机。难道这就是送加加林上天的操纵台？！我向博物馆赠送了微型后母戊鼎青铜器礼品，并在留言簿上写道："拜科努尔是哈萨克斯坦的明珠、俄罗斯的骄傲、全人类的财富。"

我与中国结缘

叶里克·阿西莫夫

（哈萨克斯坦驻华使馆公使衔参赞，原哈外交部亚非司副司长）

我与中国相识，始于我们国家独立之初。受命运的安排，我作为哈萨克斯坦驻华使馆工作人员被派往中国。过去，我只能通过读历史书、大学课堂，以及与那些有幸到过中国的朋友们聊天的方式来认识这个美好的国家。

然而，所有这一切都不能让我对这个独特的国家及其文化，以及那里人民的传统勾勒出一幅完整的画卷。更何况，正如中国人所说："百闻不如一见。"

我属于最早踏上中国土地的一批哈萨克斯坦外交官。我承认，对于那个时代学习汉语的人来说，能够常驻中国这件事，比工作本身更有意义。这成了我毕生的事业和志向。因此，在华期间，我努力全面研究和认知这个国家，把致力于发展两国人民间的关系作为自己的主要目标。

从最初时日开始，中国就对我展开了自己的美丽容貌。这一点要完全归功于中国人民自己。不得不认同的是，人民及其传统是任何一个国家的主要财富。今天，这很重要，因为在信息化和全球化的时代，我们越来越少能感觉到自己的独特之处，保持独具一格变得越来越难。而这些与众不同之处，为相互补充和不断发展创造了条件，也营造了舒适、愉悦的氛围。

通过自己交往中的个人经验，我可以这样说：中国人民的优点是谦逊、不断追求自我完善和尊重知识。中国人的这种品质，即他们常说的"以礼待人，以武修身"。中国已成为我的第二故乡，在此我成为职业外交官、汉学家。

阿西莫夫在北京。

　　我在中国的整个工作任期充满了温馨的回忆。中国朋友的真挚、热情、诚恳无法言尽，正是这些奠定了哈中两国之间温暖、友好关系的基础。我们两国的人民好像注定要相互理解、休戚与共，而两国历史上这些东西的意义非常重大。就像被时间隔开的兄弟，遵循心灵的呼唤，我们重新携手并肩。正如历史告诫的那样，"远亲不如近邻"。

　　中国人民的优秀品质，远不止于好客和友善。在几千年的历史长河中，我们的伟大邻居磨炼了自己的创作艺术。那些独树一帜的建筑物，见证了中国建筑师的非凡工艺。

　　我非常愿意游览世界奇迹之一的长城。新中国的缔造者毛泽东曾说，"不到长城非好汉。"这位共产主义革命领袖的遗训，成为我认知这个伟大民族的指南。在这个雄伟的建筑上，每上一级台阶，我都能感受到中国人民祖辈天才的力量，他们以此在人类历史上留下了自己独特的印记。

珍惜传统、尊崇历史，使中国人把很多艺术品保存得完好如初。无与伦比的感觉，每每产生于参观历史建筑的时候，如北京的颐和园、故宫、天坛、月坛、日坛、地坛、密云水库。还有西山保护区的树林，那些树叶在秋天时变得火红。

在这些地方与中国朋友聊天，让我度过了最愉快的时间，他们为我揭开了这些美好地方神秘的历史帷幕。直至今日，公园仍是各个年龄段人们聚集的地方，老少皆宜。练太极拳的人好像是在指挥棒下协调动作，他们的平稳和从容不迫，传递着若干世纪的精气神。书法家也在这里竞技比赛，他们善于在水泥路上书写匀称神奇的汉字。而古筝和二胡的声音，与这幅画面遥相辉映。绵长的乐声，好像是对过去时光的留恋。

世界主要宗教都把中国选为自己的常住地，这一点都不足为怪。穆斯林、基督徒、犹太教徒与中国传统宗教——道教的信徒们一起和睦相处。值得一提的是，儒家学说至今仍渗透在中国人的处世态度里。"三人行，必有我师"、"智者千虑，必有一失"等表述，睿智而深刻。

此时此刻，呈现在外来客人面前的是北京特色的八百年首都的历史。胡同的访客中，有来自众多国家的外国人。走过那些上百年历史的建筑，一个想法萦绕脑际：人类追求创造的幻想境界，真是无边无际。同时，保留有辉煌古建筑的老城，也融合现代和进步的气息。

现在，我也经常有机会访问中国，且每一次都会发现新的变化：人们的面貌和生活方式在变，民众的福祉在提高。中国是一个有很大的独特机遇的国家。改革开放政策的成功，把一个有着无限前景的国家展现在全世界面前。由于"改革开放总

设计师"邓小平富有远见的决策，这个国家获得了通向光明未来的钥匙。街上大量的小轿车、品牌商业中心及高水平的服务业，都证明了中国人民生活水平的不断提高。

在中国的重要成就中，应当提一提成功举办的一系列大型活动。其中每一项都有意义，并带有振兴中华民族瑰宝的想法。

2008年北京奥运会之前，我有幸读到一篇文章，由一个不知名的记者写于1908年，即伦敦奥运会之年，文章的标题是"中国举办奥运会的日子会到来吗"。这样的话今天听起来是预言性的，而对于那个年代来说，这是爱国主义的冲动。爱国主义精神奠定了中国发展的基础，也给她注入了新的生命活力。显然，如果是为了全民族的福祉，哪怕只是一个人的梦想，也可以成为整个国家发展的动力。

北京奥运会之后，接下来就是2010年上海世博会、广州亚运会、北京千年展以及许多别的活动。这一切都具有中国特色的规模、新意和独创性，给世界留下了深刻印象。

置身中国，我明白了，除了人民的价值观和哲学，世上没有什么东西能抵御住变化。中国先哲称，"以史为鉴，面向未来"，按我的理解，就是"在现代基础上，用老思想办新事"。这个人口众多、幅员辽阔并在短时间内跻身于世界快速发展之列的国家，今天成为世界稳定、和平与和谐的支柱。

我有幸在这个国家生活过一段时间，感受到她心跳的节奏，接触到那里非同寻常的人民的精神。而今，这一切都成了我永恒的记忆。

具有象征意义的是，我生活中最幸福的时刻，正与我在中国的时期契合，我的小女儿古莉莎特出生在这里。到现在我都记得，获知她出生的消息那一刻，幸福感充满了我这个做父亲的心，我非常想与亲近的人分享，而当时亲近的人就是我的中国朋友们。后来，我善良的老朋友张晓阳大夫在照顾新生儿方面给予了巨大的帮助，她还给我的小女儿起了一个中文名字，叫梅花。看到她小心翼翼、充满慈爱地对待孩子的样子，我的内心溢满了感激之情。她对孩子的爱心与生俱来。我发现，对于所有中国人来说，家里添了新丁是巨大的幸福，自古以来就是这样。现在晓阳已经当了祖母，她的儿子黄今和儿媳南希生了一对双胞胎，起名叫九歌和常棣，据说是为了纪念伟大的将领。

时间不会停滞不前，孩子们在成长。我的女儿古莉沙特已经在北京首都经贸大学念三年级，儿子伊利亚斯也在那所大学，本科毕业后继续读研究生。

如今哈中建交已经 20 多年，我温馨地回忆起当初与中国结缘的那段时光。令人愉快的是，两国不止一代外交官致力于不断巩固双边关系，发展合作，共同拓宽相互协作的领域。最重要的是，两国人民的友谊在加强。这让我们有理由满怀信心地期待在共同繁荣的大道上取得更多的成就。中国国家主席习

近平 2013 年 9 月 7—8 日访哈时提出的振兴丝绸之路的构想
就是证明。

　　作为国际关系专家和中国文化通，我可以满怀信心地这样
评价：这一构想的关键词是"路"，能够通向千百万向往美好
传统的追随者的心灵之路。而这得益于人的创造天赋，渴望经
常交流和发展，包括为了哈中两国人民的和平与福祉。在两国
举办的"哈萨克斯坦文化日"和"中国文化日"便是一个鲜明
的互动榜样。

　　我的路就是这样。我想，中国的朋友和战友们，也有了通
过我来认识哈萨克斯坦的机会。要知道，我们永远也不会成为
过去的我们。尤其是记忆、友谊和捍卫哈中两国利益的那种情
感，就像长城一样，将我们紧密地联系在一起！

中亚明珠

——我心目中的哈萨克斯坦

万成才

（中国国际问题研究基金会俄罗斯中亚研究中心执行主任，

新华社前驻莫斯科分社社长）

哈萨克斯坦印象：巨变

说真的，25年前，哈萨克斯坦在我心目中只是从书报上了解的苏联的一个加盟共和国，仅此而已，其他一无所知。所以，尽管我上世纪60年代曾在苏联留学一年多，80年代曾在莫斯科工作5年多，但无论参观、访问，都未把哈萨克斯坦列入其中，总是选择去很有名气的列宁格勒、波罗的海、外高加索等地。

1991年12月30日，在白俄罗斯首都明斯克举行的独联体国家首脑会议上见到纳扎尔巴耶夫总统并聆听了他在会上的发言后，我开始认真了解、研究和报道哈萨克斯坦。1992年秋，我曾作为中国唯一代表出席在阿拉木图举行的联合国教科文组织亚太区域会议。2015年6月，我应邀出席在阿斯塔纳举行的关于纳扎尔巴耶夫和平思想的国际研讨会，转机时又到阿拉木图参观游览。从当年和现在的所见所闻所知中，我深深感到哈萨克斯坦发生了真正意义的天翻地覆的变化，已成为名副其实的中亚地区的明珠。

1992年在阿拉木图的几天，正赶上小雨绵绵、雾气蒙蒙，给人压抑的感觉。初到哈萨克斯坦，无朋友相聚，我首先去拜访中国首任驻哈大使张德广。大使馆设在一个饭店里，走进张大使的住处，他打开的行李还未来得及收拾，没待一会儿，就只好离开。接着，由新华社阿拉木图分社首席记者俱孟军陪同驱车在市内和到市郊著名的滑雪场游览，但所看到的一切与刚独立的其他独联体国家无甚区别：街上的人们极少有笑容，商店里货架多是空空荡荡，滑雪场无一人在运动，好像整个城市都在沉睡中，没有多少生气。偶遇聊天的市民对生产生活大幅下降表示了极大的不满和不解，甚至高级官员也在我这个生人面前表露无遗。从阿拉木图乘飞机返回莫斯科时，我在机场候机室与时任哈萨克斯坦外交部副部长聊起了时局，他情不自禁地发泄对戈尔巴乔夫的极度愤慨，说正是他搞的"新思维改革"把人民抛入极度贫困之中，同时表示相信，在纳扎尔巴耶夫总统的领导下哈萨克斯坦会好起来。这次我在阿拉木图和阿斯塔纳及附近所看到的一切，印证了他的信念。

昔日那个我曾见过的雾气沉沉的阿拉木图，如今道路整洁，建筑旧中添新。与我同行的于洪君和石泽都曾在阿拉木图工作数年，他俩特地步行去寻访当年的住处，但怎么也找不到，因为变化太大了，已无法辨认。尽管阿拉木图不再是首都，但仍是哈萨克斯坦的经济、商业、文化中心，交通四通八达，往返于乌鲁木齐和北京之间的飞机座无虚席。昔日相当封闭的阿拉木图如今已与世界重要地区相连。

这里不能不说说阿斯塔纳，因为她既是哈萨克斯坦的首都，也是这个国家快速发展的缩影。20多年前，她只是个哈萨克斯坦北部草原中的荒凉小镇，在世界地图中难以找到。从国家独立和发展的长期战略出发，纳扎尔巴耶夫毅然决定迁都阿斯塔纳。而今，她已成为一座在建筑上集哈民族特点和世界现代化理念为一体的世界名城，出席研讨会的20多个国家的学者和官员无不为之赞叹。这里凝聚了纳扎尔巴耶夫总统和哈萨克

斯坦人民 20 多年来的心血，是哈萨克斯坦人民的新骄傲。

我们从阿拉木图乘飞机，于中午时分抵达阿斯塔纳。从机窗俯身朝下看，映入眼帘的是绕城缓缓流淌的伊希姆河和沿河两岸向外扩的风格各异的建筑，在骄阳下闪闪发亮。我们下榻的北京大厦位于市中心主干道旁。清晨，我们登上大厦 23 层的旋转餐厅向四周眺望，整座城市的概貌清晰可见。夕阳西下之际，我们漫步在中央广场和河两岸宽阔的大理石街道上，看到的是一座祥和、宁静、生机盎然而又秩序井然的亮丽都城，市内优雅而整洁，遍布花坛、草坪、各种雕塑、小型街心花园和宽阔广场。

中央广场周围是比邻而立的总统府、议会大厦、总理府、各中央职能部门大楼、剧院、艺术中心和国家博物馆等。傍晚，悠闲自在的鸽子和一些小鸟在附近漫不经心地行走或飞翔，伊希姆河两岸整洁的楼群笼罩在金黄色的夕阳下，微风掠身，给人送来消暑的惬意。晚上 10 点，人们还不肯离去。

印象最深刻的是阿斯塔纳独特的建筑，它们把现代的设计理念与哈萨克斯坦传统的民族习俗和民愿有机地结合起来。哈萨克人在长期的生产和生活中形成了独特的民风和民情，传统居所是圆顶毡房。设计师和建筑师把这一传统反映在现代建筑中，所以，在阿斯塔纳能看到不少高层圆顶建筑。哈萨克斯坦国民主要信奉四种宗教：伊斯兰教、东正教、基督教、佛教。这四种宗教的建筑风格居然融入了一个整体建筑中，反映出这个国家的人民和谐相处的历史和继续和睦相处的愿望。

我不止一次到访过原苏联 15 个加盟共和国的首都和一些城市，而阿斯塔纳给我留下的印象最深。她是哈萨克斯坦独立以来巨大变化的一个缩影。难怪 2013 年国际大城市协会将阿斯塔纳评为"独联体及欧亚经济共同体地区最佳城市"。

哈萨克斯坦走向独立和繁荣

包括哈萨克斯坦在内的中亚，不像格鲁吉亚、乌克兰、波罗的海三国，甚至俄罗斯那样是主动争取从苏联独立出来的国家，而是"被独立"的国家。在 1991 年 3 月 17 日就是否赞同保留苏联的全民公决中，中亚五个加盟共和国赞同保留苏联的公民高达 90% 以上，大大高于全苏联的 76.4%，连苏联的母体国俄罗斯联邦也仅 71.3%。

1991 年 12 月 8 日，俄罗斯、乌克兰、白俄罗斯领导人签署了宣布苏联解体的明斯克协议。这三个加盟共和国的领导人原本打算邀请哈萨克斯坦共和国总统纳扎尔巴耶夫参加，但在了解他的态度后就不通知了。但在明斯克协议宣布苏联解体后，纳扎尔巴耶夫总统毅然奔赴莫斯科，听取俄罗斯总统叶利钦的相关通报，然后抓住机会使哈萨克斯坦完全独立，并邀请其他10个加盟共和国领导人于12月21日在当时的哈萨克斯坦首都阿拉木图聚会，发表《阿拉木图宣言》，宣布成立独立国家联合体。

哈萨克斯坦独立之初，由于与原苏联其他加盟共和国尤其是俄罗斯联邦的经济联系突然中断，经济下滑约50%，居民生活水平大幅下降。在这种百废待兴的局面下，纳扎尔巴耶夫总统沉着应对，稳定政局，安定社会，着重发展经济和改善民生，使局势逐渐改观，政局持续稳定。从1994年起，哈经济稳定快速发展，这是政局稳定和有效克服危机的重要成果。

哈萨克斯坦是独联体国家中最早走出因苏联解体而导致的危机的国家之一。2010年，哈国内生产总值增长7%，达1460亿美元；人均国内总产值从1994年的700美元提高到9000美元，16年内增长了12倍。2014年，人均国内生产总值增至1.4万美元，从而进入世界中等发达国家之列。2013年，在148个国家的竞争力排行榜中，哈进入前50名。目前，哈萨克斯坦仍把政府工作重点放在促进经济发展上。

哈萨克斯坦是中国与中亚地区经济合作规模最大的国家。哈萨克斯坦独立后不久，就积极谋求与中国开展能源合作，以实现油气出口多元化。中哈双边贸易额占中国与中亚五国贸易总额的半壁江山。据哈萨克斯坦统计局的资料，2013年中哈贸易额为225.27亿美元，占中国与中亚5国贸易总额（460亿美元）的48.9%，为哈当年对外贸易总额的17.1%。2015年3月，哈总理访华，双方签总额署了多达236亿美元的经济合作文件，预料中哈经贸合作将有一个大发展。

纳扎尔巴耶夫和平思想的宝贵贡献

2015 年 6 月 30 日至 7 月 2 日，由中国驻哈大使馆和丝绸之路和平奖基金会、哈外交部联合主办的"纳扎尔巴耶夫和平思想国际研讨会"在阿斯塔纳举行。来自中国、独联体和欧盟国家的数十位著名学者和政界人士出席了研讨会，大家争先恐后发言，从不同角度充分肯定纳扎尔巴耶夫和平思想对地区和世界和平作出的宝贵贡献。

第一，率先弃核，使中亚成为无核区。纳扎尔巴耶夫遵循建立"无核世界"的思想，毅然决定放弃核武器，与其他四个国家一起签署了《中亚无核武器条约》，使中亚成为北半球第一个、世界第五个无核区。这是首个由有核地区变成的无核区，对国际核不扩散条约体系作出重大贡献，促进了中亚地区的和平与稳定，受到各国的普遍欢迎和赞赏。

第二，遵循共同发展的思想，积极倡导和从事中亚地区一体化事业，谋求地区稳定和共同发展。20 多年来，纳扎尔巴耶夫倡导实行中亚地区一体化和中亚与其他地区一体化的各种方案，例如建立欧亚经济联盟，为彼此经济、文化等各领域交往和共同发展创造条件。

第三，遵循建立相互信任的思想，致力于整个亚洲的和平、安全和稳定，并且倡导亚洲相互协作与信任措施会议（亚信会议），它已成为探讨亚洲安全问题的重要平台。中国从一开始就支持纳扎尔巴耶夫总统的这一倡议，中国领导人不止一次出席亚信峰会；2014 年中国担任亚信峰会主席国，提出了共同安全、综合安全、合作安全、可持续安全的亚洲安全观。亚信已成为凝聚亚洲共识、增进亚洲国家团结互信的有效平台。

第四，遵循尊重多种文明的思想，积极主张以文明对话与合作来解决人类面临的挑战。纳扎尔巴耶夫在《国际社会全面革新与文明合作》一书中写道："已经到来的 21 世纪，是文明一体化不断深入的时代，以文明对话与合作解决人类面临的全球挑战的趋势日益明显，只有在合作的基础上维护和发展这一文明多样性的趋势，才能保障未来文明的繁荣，才能避免各种文明之间冲突和威胁使用武力。"纳扎尔巴耶夫主张用和平手段解决冲突的思想在这里阐述得十分清晰，是对冷战后出现的"文明冲突论"的有力回击。

第五，遵循和平发展、共同繁荣的思想，率先支持中国提出的"一带一路"倡议。习近平主席 2013 年 9 月访问哈萨克斯坦时，选择在纳扎巴耶夫大学发表共建"丝绸之路经济带"的重要倡议。这不是偶然的，旨在让古丝绸之路更辉煌，使欧亚大陆各国和平发展、合作共荣。纳扎尔巴耶夫总统率先支持，并在 2015 年 5 月 7 日和习近平主席会谈时重申，哈萨克斯坦支持中方提出的"一带一路"倡议，愿意成为丝绸之路经济带建设的重要伙伴，做好丝绸之路经济带建设与哈"光明之路"经济发展战略的对接。

20 多年来，纳扎尔巴耶夫一手高举捍卫国家独立、主权的旗帜，一手高举和平发展的旗帜，把哈萨克斯坦引入了地区和世界的大舞台，并发挥着越来越重要的作用。所有这些成就，是在没有民族冲突、没有战火的和平建设中取得的，与饱受冲突乃至战火之苦的一些独联体国家形成了鲜明的对照。

2015 年 4 月 26 日，哈萨克斯坦人民再次投票选举纳扎尔巴耶夫为自己的总统。这说明他们深信，在纳扎尔巴耶夫总统领导下会取得更大的成就。真诚祝愿哈萨克斯坦人民继续成功！

中国亲历记

康·瑟罗耶日金

（哈萨克斯坦总统战略研究所首席研究员，政治学博士、教授）

我与中国结缘可以追溯到很久以前。1976年，我从苏联军队退役，由于机缘巧合进了莫斯科一所大学的东方系。当时中苏关系不是太好，但学习汉语的人占了东方系的大部分。在专业选择上，我们的意见并没有得到重视，但幸运的是我们的老师都非常好，水平也很高。我们不仅学习语言和历史，还学习与中国有关的其他知识。老师们教得可以说非常用心，最重要的是，他们不仅教我们了解中国，而且教我们去热爱中国，热爱中国伟大而古老的文化。

如今的国界实际上是开放的，互联网把世界连在了一起。但在20世纪70年代末却完全不同，想要去中国，就和前往别的国家一样，完全是异想天开。因此，我和大多数其他同学一样，通过图书馆了解中国。我们不错过任何一本与中国有关的书籍。虽然当时苏联与中国进行所谓意识形态的争论，却仍然有许多高质量的关于中国历史、文化和哲学的书籍出版。而且，这些书的作者都是苏联汉学界的翘楚。同我们这一代相比，他们的幸运之处在于赶上了和中国关系友好的年代，有机会长时间在中国工作，能从内部直观感受和了解中国，所以从他们身上可以学到很多东西。

后来，我在苏联科学院远东研究所攻读研究生。这时，我对中国历史、哲学和文化有了更深入的研究。1986年夏天，我有幸担任翻译，陪同中国的官方代表团——以妇联主席为首的中国妇联代表团访苏。这是在中苏长时间争论后第一个访问苏联的中国代表团。通过与中国代表团的接触，通过将他们的言行与苏联后期的官僚主义对比，更加深了我对中国的好感。

之后，我曾先后在哈萨克斯坦科学院维吾尔研究所、东方学研究所和哈萨克斯坦总统战略研究所工作。在这些岗位上，我或多或少都从事与中国有关的问题研究。随着研究愈加深入，我对这个国家及其人民和某些政治领袖就越来越有好感。

1988年，我第一次访问中国，作为翻译陪同哈萨克斯坦代表团访问了新疆维吾尔自治区乌鲁木齐市和昌吉回族自治州。这是一次难忘的经历，更重要的是，让我能够从对比的角度评价中国20多年来的发展道路。

那时乌鲁木齐还是个不大的城市，有点像20世纪70年代的阿拉木图，昌吉回族自治州首府昌吉市也仅仅是个类似的小城镇。根据当时的惯例，哈萨克斯坦代表团被安排在地方领导住宿的招待所。当地的旅游基础设施建设刚刚起步，因此宾馆正在建设中。到距离乌鲁木齐180公里远的吐鲁番，我们走了三个小时，而现在只要一个小时多一点。那个时候，招待所也只接待特殊的客人。

1989—1990年，我有机会在北京大学进修一年。对我来说，这是真正了解中国的一年。由于外国进修生的课业并不特别繁重，因此我们大部分时间都用来周游北京和中国。幸运的是，参观博物馆、公园及坐火车都能享受半价。

1989年，学校组织外国进修生参观广东省。广东是经济特区的故乡，是中国发展最快的地区。旅途中，老师陪同我们，不仅安排各种见面和聚餐，还要充当从方言到普通话的翻译。要想听懂当地老乡跟我们说什么真是太困难了，简直就像另一种语言。也就是在这里（当然，在上海和其他一些地区也一样），你才会明白文字的重要性，正是汉字把中国统一了起来。

从 90 年代中期起，我有机会经常到中国去，能够更直接地观察到中国和中国人民发生的变化。

究竟中国的什么吸引了我呢？事实上，它的一切都让我着迷。我对中国历史了解得还不错，尤其是当代历史让人受益匪浅。我不敢自称是中国文化的"百事通"，但是尤其当我试图去理解当今中国社会中传统与现代的结合时，我却不能不为之兴奋动容。如今，我们不能忽视中国社会中传统与现代的结合。这里竟可以找到一个黄金平衡点，让过去的传统和现代科技成就完美结合，就像我刚才提到的中国古典哲学。孔子、老子、孟子、孙子等思想家不仅教会我们思考，还让我们懂得如何适者生存。

在这里，我想和读者分享自己关于中国发展方面的一些观察和思考。我并非要写一篇学术报告，而是仅仅想讲出我的亲眼所见，让大家重新认识中国和中国人民，或许就像中国古语说的那样："百闻不如一见。"

中国南部的明珠

我最难忘的一次中国之行要归功于我的朋友尹树广。1994—1999年，他是《人民日报》驻中亚记者。回到北京后，他于1999年夏天邀请我去中国，我们在乌鲁木齐会面。我有十年没来乌鲁木齐了，这里的新面貌给我留下了深刻印象。十年间，乌鲁木齐已由一个小城变成了现代都市。毫无疑问，城市面貌的改变与中央财政的拨款扶持，与来自上海、广州和香港等地的投资密切相关——正是那里的商人投资建设了我们入住的海德酒店。引人注目的是，那些年乌鲁木齐将目光集中在发展与中亚国家的联系上，已有的或正在建设的购物旅游基础设施就证明了这一点。

十年间，居民的精神状态也发生了很大变化，人们开始感触到某种商业气息，外国人也不再鲜见。

在接下来的两周里我游览了兰州，品尝了著名的兰州拉面；游览了北京，感受到了它无与伦比的美丽，参观了古迹，吃了北京烤鸭，在北大附近的胡同里吃到了久违的鱼香肉丝（遗憾的是，那时胡同已经快消失了）；然后，参观了南京的中山陵；在上海看到了混合着殖民地和超现代风格的建筑，吃到了特色小饼；在广州感受了多彩的夜生活，最后我们去了深圳。这里我想好好讲讲深圳。

改革开放前，深圳还只是南海边上一个几万人的渔村，和中国大多数村镇没什么两样——赤贫、技术水平低下。然而，20世纪70年代末，情况发生了变化，中国将改革提上了日程。经济改革中一个重要的方面，就是扩大对外经济联系，吸引外资。其中一项重要举措，就是在70、80年代之交建立了经济特区，深圳就是第一个经济特区。

深圳奇迹中并无任何秘密可言。它发展的基础，就是利用经济特区的有利地位和优越的地理位置。那些来过深圳的人都说，好像来到了一个新的城市，因为这里的变化实在太大太快。

尤其是在去过广州之后，更让人体会到深圳人完全不同的精神气质——见不到南方人的"小家子气"，取而代之的是"特有的南方睿智"。就像20世纪初的美国那样，它的真谛在于每个人都是自己幸福的缔造者。这种现象的原因十分简单，深圳的大部分居民都是外来户，对许多年轻人来说，去特区工作是他们梦寐以求的事。深圳作为全国经济特区的领军之地，自然具有巨大的吸引力。

无疑，比全国平均水平高出四五倍的工资吸引了年轻人。但更重要的是，在这里，他们有机会接触现代经贸，施展自己的才华，并在未来开创自己的事业。因此，从外在就可看出，深圳紧张、快节奏的生活，与"大陆"的慢条斯理截然不同。

这里也完全感受不到语言上的不便。虽然深圳流行讲广东话，毕竟这是香港那边说的方言，但是不会讲也没什么大不了。何况，深圳也是移民城市，而且大部分是年轻人，交际时仍然使用普通话。

最后要提到的，就是在这个城市居民的脸上都可以看到他们的进取心。与中国其他旅游城市相比，深圳没什么历史古迹，然而，这并不意味着它无法吸引游客。深圳本来就是一座独特的城市，这里有你想见到的一切。如果你想看历史古迹，你可以来深圳，在锦绣中华文化主题公园中有中国历史名胜的微缩景观；如果你对民俗文化感兴趣，那么这里有少数民族主题公园；对美食家来说，这里则有专门的餐厅，提供中国各地区菜系的美味佳肴。

就像其他南方城市一样，深圳的夜晚尤其美丽。每当这个时刻，你就有机会欣赏到南方的美妙。热气消退了，街上到处都是小饭馆和摊贩，他们越聚越多，叫卖声此起彼伏。街上人声鼎沸，所有的商店都开门营业，灯箱广告让人眼花缭乱。

当你离开这美丽的中国南方之角，一定会觉得恋恋不舍，并热切期盼以后能有机会再次造访。

秦始皇陵

如果你想见证世界上的奇迹之一，那就去西安吧。这附近是秦始皇时期的都城。秦始皇（前259—前210）虽在位时间不长，却在中国历史上留下了浓墨重彩的一笔。他的名字和中国历史上第一个中央集权王朝——秦（前221—前206）、万里长城等紧密相连。他建立了当时世界上最强大的军队，统一了文字、货币和度量衡，组织撰写了编年史。遗憾的是，他也坑杀了460名文人。

　　秦始皇的一生，包括其死亡，都隐藏着很多传说和谜团，这无须大惊小怪。在人民心目中，他首先是一个暴君，耳目众多，四处搜寻图谋不轨者。在秦朝全盛时期，也就是他统治的最后11年，他基本没有离开过王宫，甚至惧怕身边的人蓄意谋害。他至死都没有摆脱这种对人民和亲信的恐惧之感。秦始皇下令在距离西安20公里处建立一座地下陵墓，作为他最后的安身之所。

　　据传，皇陵主大厅是帝国的微缩模型，地下布满了用水银做的江河湖海。秦始皇认为，在阴间也可以统治自己的帝国，因此在自己周围安置了军队——八千多兵马俑。他大概认为，必要时将士的灵魂会附着到这些泥人身上。

陵墓的总面积达 56.25 平方公里，修建历时 38 年，共有
72 万人参与这项工程。到秦始皇去世时，也只完成了一半。
根据司马迁《史记》记载，秦始皇的遗体被放置在青铜棺木里，
棺木就放在水银湖的中央。而据其他传说，秦始皇遗体佩金戴
玉，嘴里含着珍珠，棺木则随水银浪漂浮。

究竟真相如何，很难说。中国的考古学家也并不急于揭开
秦始皇陵的秘密。坦率地讲，最好将这个秘密留在历史的长河
中，以免它遭受更大的劫难。然而，经现代光谱分析确认，陵
墓内确实存在大量的水银。

2000 多年来，秦始皇的陵墓深埋地下不为人知，是一个
农民偶然发现它的。当时他正在打井，无意中挖出一个兵马
俑。1974 年，考古人员对兵马俑开始了专门的发掘。深埋地
下 2000 多年的秦始皇陵重见天日，其规模之宏大令世人震惊。

当然，兵马俑的壮观是无法用语言来形容的，需要亲眼见
证。难以想象，为制造这些兵马俑耗费了多少劳动——每个兵
马俑的面容都栩栩如生，难以概括地说出他们的样子。如今这
一世界奇迹向游客开放，在已发掘完成的地点（其他有些地方
发掘仍在继续）建立了很棒的展览馆。

西安绝对值得一游。请相信，你不会后悔的，在这座中国
古代的都城，有很多值得一看的地方。例如，城墙已按原貌修
复。当然，这不是八达岭，但同样让人印象深刻。尤其是城墙
的方条石，上面刻有捐资人的名字。

西安的其他古迹也同样迷人。例如建于公元 652 年的大
雁塔，这是一座高 64 米的七层藏经塔；自 644 年就使用的华
清池，水温常年维持在 43 度；陕西历史博物馆，可能是中国
最好的；法门寺的宝塔高 47 米，共 13 层，珍藏有大量精美
壁画和佛龛。

走进西藏

2007 年 6 月，我的梦想终于成真，我的中国朋友帮助组织了一次为期一周的西藏之旅。当然，时间并不长，也不可能看完所有的一切，然而在西藏的所见将永远留存在我的记忆中。

在我的印象中，西藏充满了神秘，因此才吸引了外国游客。在众多的文学作品和电影中，对此更是描绘得出神入化。虽然我没见到所谓的神秘，但可能真的存在。不管怎样，在旅游地图上那些神秘的去处（如冈底斯山）十分惹眼。据导游讲，西藏保留着独特的葬礼传统，最隆重的是天葬——死者的遗体被分成几块，抛掷在山上供鸟吃食；其次是水葬——将死者的遗体抛掷于江河中；而对于大多数人来说，则是土葬——将其遗体埋入土中。

我还想提到的是，事实上所有西藏人的家中角落里都挂着专门用来驱邪的小旗子。还有很多圣地，如泉、岗、树木。我还曾在一个海拔 5000 米的山口许过愿呢，怎能不留下纪念！什么时候还能重返此地？！

至于说起现实，无疑，它与以前在书中读到的都不同。尤其关于历史文化，变化非常之大。若是没有注意到令人难忘的西藏民族文化和古代寺庙的特点的话，那么，最吸引眼球的要数那些基础设施了。高山上的公路修得很好，手机到处都可收到信号，这着实让哈萨克斯坦人羡慕不已。

我注意到，西藏人对传统习俗十分珍视，这里见不到废弃的寺庙。那些参拜过的地方，事实上看起来都状况良好。信徒数量惊人，并且未被限制，不管怎样，这种情况我未曾见到过。而且，据我观察（一周的时间还是走了不少地方），传统仍有很强的生命力。

从某种意义上说，我是幸运的。我来西藏时正赶上过节，并且正好到了一座寺庙。说实话，我有这样的印象，好像全西藏的人都来到了这里。无论老少，都上山拜佛，而且要登很高的山，这是一种信仰的体现。

　　参观拉萨的寺庙，更让我坚信这一点。引人注目的是，来这里的朝拜者就像西藏的喇嘛一样多，他们对着佛像拜了又拜，不是简单的叩头，而是整个身体伏地，完全不在乎这里有众多的旅游者。尽管有些反常，但喇嘛中不乏年轻人。寺庙中特别显眼的是，其收入的基本来源除了接待游客，还有从事古老西藏典籍的翻译工作，传授各种古代流传下来的智慧成果，包括藏医学。

　　西藏寺庙的宏伟及其完好程度也令人称奇。这其中的原因非常简单，西藏主要的旅游线路都是围绕着寺庙而行，旅游者的数量决定了寺庙的繁荣与否。当然，寺庙的数量与以前相比有所减少，但仅保留下来的也无法看完。用一周的时间游览西

西藏的喇嘛

藏，真是太少了。

至于布达拉宫，可以讲很多很多。这可能是我所见到的建筑中最为宏伟的。布达拉宫屹立在拉萨市区西北的红山上，可以俯瞰整个拉萨。从建筑正面引出三条石级阶梯，直通宫堡前广场。据说，宫堡里有 999 个房间。达赖喇嘛的灵塔殿和各类佛殿位于宫堡的正中央，叫作红宫。要想把这座宫堡参观完，需要半天时间。难以想象，香客们走完这条路线还须按教规磕头，需要多长的时间。对我来说，同时也是对大多数外国和中国其他地区的游客来说，布达拉宫只是一个关于民族历史的博物馆。尽管规模宏大，但仍只是一个博物馆。

首先，我要说的是，西藏最让人印象深刻的是道路四通八达，通讯便捷。同样让人惊讶的，还有建在山上的一模一样的村落。我觉得导游说这些都是个人建成的不太可信，若是没有国家的大力支持，这样的工程是无法完成的。所有村落都是按统一设计建造的，只有屋顶的颜色不同。

其次，特别是对比过中国南方城市之后，我注意到，这儿的街上行人稀少，饭店也不多，既没有广州或上海的夜晚那种人群拥挤，也没有中国饭店里常有的那种喧闹。很奇怪，就算饭店里有顾客，也没有那么人声嘈杂。

第三，就是西藏游牧民的生活特色。无疑，他们居住在帐篷里，而紧挨着帐篷就是各种现代文明的成果——摩托车、台球桌，甚至还有卫星接收器。

最后，这里缺少像样的建筑机械（至少在那些年代），道路维修及大部分房屋的建设和改建主要依靠人工。据我观察，建筑工人干活效率也不高。

不得不承认，西藏的食物并没有给我留下什么特别的印象。当然，品尝一下还可以，却远远算不上烹饪艺术的杰作。

中国的西大门

我去得最多的，要数中国的新疆维吾尔自治区了。首先，这里与哈萨克斯坦接壤，因此去一趟并不费什么劲，花费也不高。其次，这么多年做学术研究，我一直关注新疆，确切地说，是研究中国这一地区与社会经济、民族、宗教和政治进程相关的问题。

新疆在中国发展同中亚地区的关系方面发挥着特殊的作用。这不仅仅因为其邻近中亚的地理位置，更由其人口和民族构成决定的。新疆有几乎所有生活在中亚的民族，有一些还是新独立国家的主体民族。这不仅有利于发展国家间的关系，也为中国公民深入中亚国家提供了便利。

还有一点非常重要，就是中亚国家拥有巨大的人才、科技和工业潜力，有助于促进新疆成为中国西部的重要工业基地。尤其目前更为现实的是，根据中国政府的规划，新疆应该成为实施建设丝绸之路经济带构想的"关键地区"。实施这些规划完全是可能的。自 1988 年以来，我常去新疆，所以我有资格对这一地区发生的变化作出评价。

27 年里，我去过新疆的许多地方，有些地方是开车去的，不仅可以看到这里发生的巨大变化，还可以看到这些变化对地区的深刻影响，并加以比较。现在就说它完全是绿洲并不准确，然而想要理解新疆，光去乌鲁木齐不够，还需要去吐鲁番、哈密、和田、伊宁、阿克苏、库尔勒和喀什看看。

如今去南疆，与 19 世纪末俄罗斯和欧洲的学者，包括我们伟大的同胞乔汗·瓦里汉诺夫进入南疆的情况完全不同。现在去一趟非常容易，只要坐上舒适的波音客机，经过一个半小时的飞行就可以到达喀什。的确，这趟旅程有一个不足之处，就是只能从 8000 米的高空观赏新疆的绿洲美景。这虽然更安全些，却无法领略到个中的美妙。但对于研究中国西部各民族历史和文化的人来说，已经足够了。

乌鲁木齐国际大巴扎
（供图：中新社）

从高空可以清晰地看到南疆的美景，了解为何这片土地上发展起来的文化被称作"绿洲文明"。透过舷窗，可以看到一望无际的荒漠上突然出现了河流和湖泊，在它们周围形成了城市和村庄。

在 20 世纪中期前，"维吾尔族"这一名称几近消失并非偶然，各地的居民自称"喀什人"、"和田人"、"吐鲁番人"等。对每个地区状况的了解越深入，这种地区特点就感受得越明显，这样就不难理解维吾尔族内部的差别，以及新疆不同地区民族之间的关系。

新疆历史命运的不同之处在于，这种跨境交流越频繁，对发展"绿洲文明"的意义远比该地区内部之间的交往更为重要。例如，喀什靠近西部边境，受伊斯兰文明影响很深。即使今天，喀什依然在很大程度上受费尔干纳盆地、阿富汗和巴基斯坦的影响。准噶尔地区曾经受蒙古和突厥部落统治，受锡尔河流域影响。从叶城、和田到库尔勒的塔里木盆地南部，深受印度文明的影响。新疆东部包括吐鲁番、哈密和乌鲁木齐，则受佛教文化影响，与中国内地联系密切。现代化进程无疑也对这一特点产生了影响，但只是外表上的改变而已。

游客在去喀什之前，对 19 世纪英俄"大角逐"有很多了解，一定想亲眼看看那时的喀什，但结果恐怕要失望了。遗憾的是，喀什仅有一个街区保留了原貌，不过就连这个区，也为了发展现代旅游业而进行过改造。老城实际上已经不见踪迹。这当然令人悲伤，不过确是都市化必须要付出的代价。

喀什依然保留下来的许多伊斯兰圣地，却部分地弥补了这一缺失。例如，位于市中心的艾提尕尔清真寺，有近 600 年的历史，是中国最大的清真寺，能容纳 4000 人；香妃墓建于 1640 年，是最大的苏非文化中心；距喀什不远坐落着马哈茂德·喀什噶里墓，他是最著名的维吾尔启蒙者之一。总之，对热衷于古迹的人们来说，这里绝对值得一看。

我建议古代文化的超级发烧友不妨去看看吐鲁番和敦煌。沿着极好的高速公路乘车一个半小时，就可以从炙热的沙漠地带到达吐鲁番绿洲。这里几乎不下雨，人们很早就能够开发利用井水和地下水渠（坎儿井）进行人工灌溉。据旅游宣传小册子上说，今天吐鲁番 75% 的土地仍用这种方式灌溉。

建于公元前 1 世纪的高昌古城，距离吐鲁番 46 公里。由于少雨，这些遗址仍旧保留着原貌。买票进入后，可以沿着古城游览。

吐鲁番最主要的古迹是千佛洞。它位于吐鲁番市向东 48 公里处，建于 5—6 世纪，大部分壁画完成于唐朝（618—907）。遗憾的是，其中多数保存状况堪忧，但根据残存的部分仍可以想象那时人们的衣着外貌。在中国内地的佛教寺院里，可以看到类似的面孔。

但是最吸引眼球的是甘肃敦煌的石窟。在这里，你可以根据自己的喜好，参观莫高窟的 4000 尊佛像。它们和吐鲁番的佛像建于同一时期，但是由于后世多次修复，保存更加完好。同时，还可以参观有着 1600 年历史的炳林寺和卧佛寺的大佛。对那些喜欢极限运动的人，我建议坐着滑板去沙丘上滑沙。这里的沙丘非常多，敦煌城外到处都是。

我们从乌鲁木齐坐车到敦煌，一路上，最让我震惊的是新疆基础设施的发展。对于我提出的能否马上建一条四车道公路的问题，司机往右边一指，自豪地说，过两年那里就将建成这样的公路，车流的通行将不存在任何问题。果然不出所料，2014 年当我再次去吐鲁番时，这条公路已经开通。然而，对于生活在山区的我来说，最惊奇的是从南疆通往乌鲁木齐的高速公路。在回乌鲁木齐的路上，我们看到山中的一些路段被分成了两个单向的双车道。应该承认，这样既方便，又安全。

最令我惊讶的是通向什巴尔库勒湖（花海子）的山路。我们的奇姆布拉克的公路与之相比，无论在路况还是道路建设方面，都要略逊一筹。如此平坦的道路，我只在苏联时期的克里米亚见过。

从霍尔果斯—伊宁—库尔勒—库车—新和—库尔勒—乌鲁木齐这一路旅行下来，我也观察到其他一些情况。2010年，我有幸坐车走过这条线路。那时南疆的开放才刚刚开始，南疆和北疆的道路建设情况差距很大，只有库尔勒—乌鲁木齐公路状况较好。

这一地区的贫穷也令人惊讶，当然，这是与乌鲁木齐和伊宁相比较而言。库尔勒因石油开采而发展繁荣，而其周边的小城和村镇却仍变化不大。

数据显示，主要是回族人和汉族人居住的北部，成为新疆最大的社会产品生产地和主要的工业、科技中心。而且，提到新疆经济建设的成就，不能不说的是，虽然地方财政的资金逐年增多，但新疆基础设施建设的资金大部分依赖中央财政拨款。无论在南疆还是北疆，这一点都很明显。

而这很能说明问题。我认为，那些鼓吹新疆独立的人，要么是内奸，要么是蓄谋分裂中国、破坏中亚稳定的人。说什么为了维吾尔人的利益，在此并不恰当。对于这些人来说，如果他们真的打算考虑维吾尔族人的利益，那也是放在次要位置的。

毛泽东的故乡

我想用我的湖南之行来结束这篇中国之旅的游记。湖南是毛泽东主席的故乡。湖南省有两个旅游重点，一是长沙及其周边地区；二是张家界的自然风光，已被纳入外国人旅游线路，主要是日本和韩国的游客，从景区留下的韩文和日文涂鸦就可看出。电影《阿凡达》热播后，这条旅游线路特别风行。

省会长沙与其他中国城市并无二致。不管怎样，这是最初的表面印象。唯一的突出特点，就是毛泽东的标志随处可见。市中心一座公园里有毛主席纪念碑，纪念碑并不大——喀什那座比这个大多了。

然后，我们去了韶山市。这座小城的重要性在于，1893年12月26日，"伟大舵手"在这里诞生。他童年居住的房子、游过泳的池塘、他父母的坟墓，今日都成了纪念地。经历过苏联时期在列宁墓前排长队的人，才能理解这里排队瞻仰领袖故居的游客们。确实，这个长队要增加五六倍。

还有一处瞻仰地——毛泽东纪念碑。这座纪念碑于1992年10月21日落成。红铜浇铸的毛泽东像矗立在花岗岩底座上，上面刻着江泽民的题字："毛泽东同志 1992年10月21日。"我可以见证的是，来纪念碑前瞻仰的人川流不息。

无疑，来到韶山不能错过这里的地方美食——红烧肉。这是毛泽东最喜欢的一道菜。他不在故乡时，经常要吃这道菜。

之后，我们从韶山直奔张家界。旅途漫长却不使人疲惫。公路平坦，两旁是繁茂的植物。张家界最主要的景点是武陵源地质公园。公园分为四个主要的风景区：张家界国家森林公园、索溪峪、天子山、杨家界。

只要看过电影《阿凡达》，就可以想象出天子山的景色。电影中的"悬山"并非作者的凭空想象，天子山在低低的浓雾层中看起来就是这样的。正是这里激发了导演的灵感。

距离张家界市中心8公里处，有另一处自然奇观——天门

山。它的名称准确反映了其特点。此山的著名之处在于它的洞穴——天之门。这是世界上最高的洞穴，是经过几个世纪的侵蚀自然形成的。导游说，这个洞穴是公元263年因一块巨石突然掉落而形成的，高131.5米、宽57米、长60米。

蜿蜒曲折的小路通向天门山，而要登上"天门"，共有999级台阶。这个数字在中国是神秘而神圣的，并不是所有的游客都能完成这次攀登。通向山顶的弯道令人难忘。在11公里的路途上，有神秘的99个转弯，每个转弯之间距离约200米到1300米。无疑，司机都是开车高手，但还是让人提心吊胆，他们的车开得就像随时要掉下山崖一样。

在当地居民中有一种迷信的传说，似乎天门山与天相连，拥有超自然的神力。在 20 世纪，有 4 次不知何故突然从山顶掉下瀑布，高达 1500 米，持续 15 分钟，然后突然消失。这一奇观先后发生在 1949、1976、1989 和 1998 年，一些迷信的中国人认为，这些巧合并非偶然。

从市中心到山顶有世界上最长的索道——长 7455 米，跨距为 500 米。在一些地方，索道的倾角达到了 70 度，就像突然冲入云霄，让人难忘，但感觉还是挺险的。

为方便游客，山周围修筑了专门的道路。山道长 5 公里，宽只有 1.5—2 米，修在悬崖峭壁上，下面是烟雾弥漫的万丈深渊。虽然你知道筑路专家早已考虑到众多游客形成的道路负

张家界（供图：中新社）

荷，却仍会胆战心惊，真是令人叹为观止！

另一处自然奇迹黄龙洞，也将给你留下深刻印象。洞中有2河、3潭、4瀑、96廊和数千个石笋、石柱、钟乳石等。山洞的最高点达140米，而至山顶的距离只有17米。游览整个黄龙洞需要约两小时，其中步行2.5公里、坐船800米。

还有一处人工景点——百龙天梯值得一游。游客可从330米高的山顶直接乘梯而下，这也是世界上最高的天梯。

当然，来到这里不能错过国家森林公园。请相信，您一定不虚此行，可尽享大自然风光。对于那些懒汉和好奇异国风情的游客来说，在这里可以选择坐轿，价格不算太贵。但考虑到自己的体重及出于老的观念，我不愿让瘦弱的轿夫们受累了。

我对中国之行的叙述就要结束了，但我并不想就此搁笔。中国是多面的，每一地区不仅有自己的美食和特色，也有自己的奇迹。因此，我希望有机会继续旅行，也借此加深对中国的了解。

更何况，现在中国为赴华旅行创造了几乎是极好的条件。这不仅指很好的基础设施将随着建设丝绸之路经济带的进程而更加完好，还有习近平主席提出的"世界应更好地了解中国"。我相信，这意味着对外国人的某些限制会被取消。因为，要真正理解一个国家，光靠观赏其美景和古迹是不够的，还需要看到该国的人民究竟怎样生活。

君子以同道为朋

——我的亚信记忆

刘延喆

（中国外交部欧亚司随员）

2013年8月，我从国外常驻回来后被分配到外交部欧亚司，直接参与亚信峰会的筹备工作。彼时，尚不知亚信为何物，我甚至在电话上贴了"亚洲相互协作与信任措施会议"的字条，因为在同部内或是外单位打交道时说起亚信，很多同仁也都是一头雾水，我只得从会议的全名开始介绍。

刘延喆参加亚信峰会筹备工作期间在会场留影。

稳步发展求和平

翻开历史档案，我对亚信的来龙去脉了解不断加深。1992年第47届联合国大会上，哈萨克斯坦总统纳扎尔巴耶夫独树一帜，以战略家的气魄倡议成立亚信会议，以增进亚洲各国间理解与信任，共同维护亚洲的和平、安全与稳定。但是，亚洲各国社会政治制度与经济发展水平千差万别，加之受历史遗留问题的困扰，建立一个能被普遍接受的多边磋商机制相当艰难。据亲历者见证，当初和者寡，怀疑者多。但千里之行，始于足下。哈萨克斯坦领导人以草原民族特有的智慧与坚韧，几乎调动了全部外交资源，一次次颠覆了世人"不可能"的目光。在哈方的不懈努力下，亚信逐步发展扩大，得到多个地区大国的支持，成功举办了两次峰会。2010年6月，土耳其从哈萨克斯坦手中接任亚信主席国，亚信第三次峰会在伊斯坦布尔举行。在土耳其担任亚信主席国的四年中，各领域的信任措施逐步推进落实，亚信在亚洲安全领域及现代国际关系体系中也逐渐拥有了一席之地。

2013年10月，阿拉木图亚信外长会议时，应哈方盛情邀请，中方宣布接任2014至2016年亚信主席国。中方这一决定得到亚信成员国的高度重视和一致支持。这既反映了中哈关系的亲密度和高水平，为两国全面战略关系注入新的活力，又展现了我们对亚洲地区安全形势和亚信未来发展的深邃洞见，再次向世界彰显了中国对地区事务的责任和担当，也是我国自身安宁稳定和发展繁荣的必然要求。随着中国决定担任主席国，亚信在国际上的曝光率大幅增加，第四次峰会筹备工作也紧锣密鼓地展开。峰会邀请函一经发出，确认与会的消息纷至沓来，涉及峰会安排的方方面面也成了各方关注的焦点。

礼宾座次谋新意

首当其冲的敏感问题，就是峰会礼宾座次的安排。与会各方都很在意，通过各种场合和渠道打听全体会议的座次。根据亚信框架内举办峰会的惯例，一般按国家英文名称的字母顺序排列，先成员国后观察员。当然，也有灵活变通处理的先例。当初，哈萨克斯坦安排与会领导人座次时，也将各国及其领导人的"政治分量和实力"等因素考虑了进去，特意将中俄两国领导人的位置排在哈国总统的左右手。

中国是礼仪之邦，在确保"各就各位"的同时，还要体现周到温馨的礼数。荷兰主办核安全峰会时，采用了按照钟点排位的方式，即在3点、6点、9点和12点四个方向安排西方国家的代表，这样发言时易于相互呼应、形成阵势。受此启发，经过多次研究比较，我们提出了请主席国领导人坐在12点钟方向的主位，在3点、6点和9点的位置分别安排有代表性的、

亚信峰会主会场

级别较高的代表团团长，同时以此四点为基轴，相应分散安排其他国家代表团团长的位置这样一个方案。但这打破了亚信的座位规则，需进行缜密设计，要考虑哪些国家相互间有矛盾，哪些国家不能排在一起，还要保证一些国家领导人的优先位置。由于同以往峰会的排位有较大差异，峰会前两天我们才向有关国家通报，果不其然，引发了个别国家的"强烈反应"。

起初，我们把某国排在 6 点钟方向，但对方认为这个位置离主席国中心太远了，非常不高兴。当时我陪同中方亚信高官做对方高官工作，我们解释说 6 点是副主人的位置，非常重要。但对方却不领情，一门心思要求调换更好的位置。既然如此，我们经过反复思量和交涉，将其同另一个离主席国近一点位置的友好国家对调了。被调换的国家也很高兴，因为他们觉得从一个不太显眼的位置直接换到副主人的座位，结果皆大欢喜。

车次安排分秒计

考虑到出席亚信峰会的国家和国际组织领导人较多，各代表团车队到达会场的间隔时间定为 40 秒。但是不同代表团的行驶路线和时间都不同，却要保证他们最后抵达会场会合时的顺序能遵循国际公认的外交礼仪，这是一项不折不扣的大工程。

负责贵宾保卫的上海交警总队机动支队的民警开车从各个酒店出发，实地测量了路程，路线精确到米，包括到酒店转入的距离、转弯的弧度，都需要特别测量。除了行车线路，时间也必须精确无误。民警根据全程、半程、三分之一，算出达到各个节点的时间。实测的时候，每辆车上都放着一块秒表，每次起步、每次转弯以及抵达会场后减速停车，每个环节需要多少时间，全部精准到秒。而真正上岗时，副驾驶座上的民警同

样手拿秒表，掐表计算，实时控制。这些都是和礼宾组的同事聊天时听来的"小道消息"，却令我感叹不已。

就是这样分秒精准的反复演练，确保了峰会当日各代表团准点抵达会场，各国领导人依次走入世博中心主会场，同正在迎宾的习近平主席握手合影。

宣言达成创纪录

政治方面的重头戏就是峰会宣言。时任亚信成员国有 24 个，宣言须各国协商一致，有一个国家反对都不行。但成员国国情各不相同，宗教信仰众多，政策立场迥异，亚洲历史恩怨和热点问题又比比皆是，有的国家间甚至兵戎相见。在此复杂背景下，想要推动各方就共同关切的重大问题达成一致，其难度之大可想而知。以往，矛盾集中在巴以冲突、印巴关系、阿富汗、核不扩散等问题上，本次还多出了乌克兰、东北亚局势等棘手难题，因而某方亚信高官戏称，"我们这是小联合国就当前世界局势在开会"。时任亚信主席国工作组负责人无奈地表示，每次商讨峰会宣言都会吵成一锅粥，上次峰会结束前一小时才达成一致案文。他向中方建议，这么多国家持有不同立场，不如准备一个主席国声明，作为峰会宣言无法达成的后备方案。道路是如此曲折，但我们的目标却又相当明确，必须迎难而上，从多边到双边，从会上到会下，一遍遍撮合各方意见，求同化异，始终秉承着大家齐聚在亚信的平台上，就是为了增进理解信任、共谋发展的理念。

上海峰会召开的前一天上午，宣言案文还差最后一条没有商定，但仍有代表表示需要请示国内，而其外长还在来沪的专机上，于是只好休会等待结果，下午两点半复会。大家都心事重重地离开会场，因为如果不能就此达成一致，很可能就要在这里通宵唇枪舌剑了。预定的时间到了，会场上一片沉寂，各方高官都在焦急等待。虽然我是无神论者，但从上午休会时开始就一直默默念叨："国内国外的各路神仙，拜托大家帮帮忙

亚信峰会高官会议现场

吧！"终于在最后一刻，等到了该国代表吐出"We agree"两个词。时任亚信主席国工作组负责人如释重负地宣布："各方对现有案文均不持异议。"会场刹那间沸腾了。据告，我们这次创下了亚信有史以来峰会宣言案文达成的最早纪录。

2014 年 5 月 21 日，亚信第四次峰会在上海举行。对于广大上海市民来说，这意味着额外的一天假期，但对于我们筹备亚信峰会的小伙伴来说，那是 200 多个忙忙碌碌的日日夜夜终于盼到曙光的一天。这一天，我们有幸集体围观习近平主席展示中国领导人的魅力：从早上 9 点开始迎宾，10 点正式开会，接着主持工作午宴，然后又马上返回会场，主持会议到下午 5点准时宣布结束，期间没有休息，却一直神采奕奕，在各种场合应对自如。这点点滴滴让我深感钦佩。与会的联合国副秘书长吴红波说，参加过那么多次国际会议，几乎没有不"拖堂"的，亚信峰会发言人数这么多，还能准时结束，真不容易，既体现了习主席主持会议的高超艺术和对会议节奏恰到好处的把握，也同主办方的周密策划和精心组织分不开。

千里万里梦相随

5月20日晚，中国以一场民族传统元素与高科技深度融合的文艺晚会，欢迎前来参加亚信峰会的各国宾朋。纵然坐在剧院里看演出，对于这些政要来说，也应当算作工作时间。而对我们而言，这场文艺晚会也可称作进行主场外交的一部分。

晚会在舞蹈《丝路梦寻》中拉开帷幕，在中国交响乐《友谊之光》的伴奏下，亚信各成员国和观察员国的锦绣风光依次出现在巨幅背景银幕上。因为亚信成员国和观察员国众多，也存在某些领土争端，这些图片都经过我们精心挑选，确保既避免引起纷争，又体现亚信特色。演出台两侧提供了中、英、俄三语字幕，方便各国代表理解剧情，当然，这也是我们和部里高翻们字斟句酌的成果。现场演出高潮迭起，亚洲各国的多元文化、中国的丰富元素在上海的舞台上得以融会贯通，这也体现了亚信峰会追求的亚洲梦的和谐境界。

峰会从阿拉木图到伊斯坦布尔再到上海，亚信历经风雨一路走来，茁壮成长并日臻成熟，已经发展成为拥有26个成员国和12个观察员国的本地区规模最大的多边安全论坛。哈萨克斯坦作为亚信创始国，发出促进亚洲安全合作的呼唤；中国用实际行动与哈方携手，为亚洲和平稳定贡献中国智慧，为亚信进程积聚力量、凝聚共识。明者因时而变，知者随事而制。中国在会议上提出倡导共同安全、综合安全、合作安全和可持续安全的亚洲新安全观，鼓励亚洲各国在加强对话、增进了解、深化合作的基础上实现共同发展，而安全必将随之而来。

上海峰会提升了亚信的能见度和影响力，在其发展史上树起了一座新的里程碑。参加此次峰会的代表团数目是亚信峰会历史上最多，也是规格最高、特别是外国元首和政府首脑与会

亚信峰会文艺晚会场景一

亚信峰会文艺晚会场景二

人数最多的。此次峰会也是一次和谐、体现正能量的会议，表达了各方对亚洲发展的积极诉求，提出了一系列建设性意见和建议，为建设和平、稳定与合作的亚洲作出了应有的贡献。

2015年5月，亚信非政府论坛首次年会在北京顺利召开，旨在开拓亚洲各国民间对话渠道，为实现亚洲共同发展繁荣提供智慧源泉和民间支撑。与会各方尤其是非政府智库就如何落实亚洲安全观、建立什么样的地区安全与合作新架构等进行深入探讨交流，为推进亚洲和平与发展出计献力。

至今，峰会筹备期间200多个日日夜夜，我们这些工作人员都以部为家、相互鼓励的情景仍时不时浮现在我的脑海，各界对峰会的积极评价如同丝丝甘泉，融合过往的汗水一起涌入心田。作为外交战线上的一名小兵，我很荣幸有机会参与亚信峰会的筹备，见证诸多历史时刻，这一切都给了我在今后工作中为国家为人民创造更多价值和荣耀的信心和动力。

中国——我的爱

埃·丘拉科娃

（哈萨克斯坦退休人员，1961届北大毕业生）

在莫斯科雅罗斯拉夫火车站的月台上，聚集着一群大学生。他们是即将启程前往中国的第一批苏联留学生。车站上欢送的场面十分热烈，记者的相机咔咔作响，前来送行的人们抓紧临行前最后几分钟与我们依依惜别。

从莫斯科到北京的火车加速前行，我们彼此也更加熟悉起来。大学生们来自各个高校，他们中，有未来的历史学家、哲学家、医生、地理学家、农学家和地质学家。我们面临着很多困难。为了在中国相关的高校听懂专业课程，我们必须要学习汉语。

车窗外闪过最后一块祖国的土地，掠过了最后一名边防军人的身影。一分钟后，我们眼前出现了幅员辽阔的中华人民共和国，正是永恒的、牢不可破的友谊把我们与这个最大的邻国紧密相连。

1958年2月15日，列车驶进了北京火车站。北京大学的师生、中国教育部和苏联驻华使馆的代表在月台上迎接我们。我们一下子就找到了那么多朋友，他们体贴、周到、热心，热爱苏联人。

去北京大学的路几乎穿城而过，透过车窗我们初次见到北京。北京是一座古老的城市，独特的建筑冲击着我们的视线。城里有很多宫殿、寺庙和公园。路过天安门广场时，这里正在举行节日游行和群众游园会。这里矗立着著名的天安门城楼。

初入北大校园

黄昏时分，我们抵达校园，住在留学生楼，每个房间2个人。一切都精心安排，中国同学想到了各个方面，这里舒适、简朴、方便。特别让人高兴的是，学校周围绿色葱茏，有很多树、灌木丛、漂亮的亭子和一片湖水。

北京大学坐落在城郊，实际上这就是一座小城，里面有许多两三层高的小楼。楼里是各个系的教室、实验室、阅览室和学生宿舍。所有的学生和教师都住在这里：本科生4人一个房间，研究生2人一个房间。学校有8000名在读学生。

北京大学创建于1898年，当时开设了14个系，培养37个领域的学生。1950年，学校为外国留学生专门成立了汉语系，有300多名外国学生在此留学。他们分别来自捷克、罗马尼亚、保加利亚、波兰、民主德国、匈牙利、意大利、阿尔巴尼亚、印度尼西亚、印度、朝鲜和蒙古等20个国家。就在这一年的春天，学校又迎来了埃及和叙利亚的学生。

北京大学西门

大学生活要严格遵守校规。所有的学生早上 6 点起床，早操后吃早餐，7 点 15 分开始上课；从 11 点到下午 2 点之间是午间休息，先吃午饭，然后有 1 个小时的午睡；下午 5 点前上课，5 点到 6 点为体育活动，这里的人都锻炼身体。这段时间，小城里特别的热闹活跃。中国学生非常喜欢运动，尤其喜爱打篮球，这是中国最普及的体育项目。最初，当我们看到上了年纪的老师和教授们与大学生一起做早操时，还真有些不习惯和奇怪的感觉；在体育活动时间，我们还看到他们在操场上打羽毛球和乒乓球。很快，我们就对此习以为常了。

几乎所有系的课程都按照苏联高校的教学大纲进行，但这并不意味着中国大学机械照搬现成的苏联高校模式。他们根据自己国家的特点和需要，善于借鉴苏联朋友的经验，仔细并睿智地制定出自己的大纲。

刚开始的时候，我们感觉似乎所有的人都彼此相像。最可能的原因是，这里的人们穿衣习惯几乎一模一样。他们都穿普通布料做成的蓝裤子、差不多一样的短上衣，脚上是布鞋或者胶底运动鞋。夏天穿短裤，衬衣露在外面。不论男女，不管是学生、老师、教授，还是工人、工程师，所有的人都这样着装。特别简朴的服饰，不仅仅因为中国人民当时正经历着物资匮乏时期，还与他们本身非常朴素有关。

中国的大学生在学习上非常勤奋刻苦。他们唯一关心的事情和想法，就是如何学到更多的知识，怎样尽可能成为对祖国和人民有用的人，为建设社会主义的伟大事业贡献自己的力量——这是他们的口号。不论去哪里，在任何事情上，在任何岗位上，我们都能感受到人们表现出的不同寻常的激情和用之不竭的精力。不论是工程师还是工人，都在为自己的事业奉献他的身心和全部智慧，都那么珍爱机械设备。举一个例子就能

丘拉科娃在北大校园。

说明很多问题，在无轨电车的车站，每个班次结束后，司机都努力地把车擦得锃亮。

高度的组织性不仅体现在劳动中，也表现在其他方面。在公共场所，见不到丢弃的废纸和烟头。以前我就听说过中国人诚实、相互尊重、彬彬有礼，在现实中，这些都得到了印证。任何被遗失的物品都始终留在原地，等待粗心的主人前来认领。有一次，人行道上放着被人整理好的一卷钱——几张纸币，大概有10—15卢布的样子，上面还压着一块小石头，防止被风吹走。在学校的失物招领处，保存有大量遗失的物品，包括钢笔、钥匙、书和笔记本等。所到之处，我从未见过喝得醉醺醺的人，不论是成年人还是年轻人，也没有见过什么流氓行为。

许多大学生在热烈讨论国家的发展道路和教育问题，以及如何在这个领域做到自负盈亏。大学生和教师们希望通过在工业和农业企业的劳动，来补偿国家为支持教学所给予的拨款。大学生们为自己规定了一个任务，要求在学习期间不仅掌握丰富的专业知识，还要在毕业时熟练掌握一门外语，达到用外语自由交流，并且不用字典就能翻译外国文学作品的水平。

关于中苏大学生之间的友谊，可以讲出很多有意思的故事。从抵达那天起，我们就置身于一个温暖真挚的气氛中。中国朋友经常邀请我们去剧院，参加旅游，让我们感受古老的中国文化和艺术。我们还一起看苏联电影，欣赏苏联演员举办的音乐会。我们欢乐共享，一起为新中国建设取得的成就而高兴，一起为苏联辉煌的科技成果而欣喜不已。在苏联发射第一颗人造卫星和有了第一位宇航员后，我们收到了来自中国各地的无数贺信和贺电。那些日子是我们共同的节日。

庆祝五四青年节

那一天，装饰了无数彩灯的中山公园闪闪发光。公共汽车、有轨电车、无轨电车上载满了欢歌笑语。北京的年轻人——我们的中国朋友来到这里，用雷鸣般的掌声和欢快的祝词迎接我们这些苏联留学生的到来。很多人张开双臂，用激动的声音对我们说："你好，同学！"

这些话不仅让人感到温暖、真诚，更激动人心。在公园的林荫小道上，在舞池、舞台，在公园的各个角落响起了音乐，回荡着愉快的笑声。在音乐会上，在开心的娱乐活动中，一会儿在这儿，一会儿在那儿，不时传来热情奔放的歌声。我们走得很快，到处都想看看。眼前出现了一个大舞台，姑娘和小伙子穿着五颜六色的民族服装在翩翩起舞，他们跳的是中国各个民族的舞蹈、其他人民民主国家的舞蹈以及俄罗斯民间舞。

我们继续沿着林荫道往前走，路两旁种着很多已生长多年的树木，上面装饰着彩带、花朵和彩灯。在一些漂亮的小房子旁边，小伙子和姑娘们津津有味地吃着水果、冰激凌和各种糖果。

扮作民间童话和寓言中人物的真人秀，以及绘画和有趣的插图吸引了我们的注意，这些都提醒着我们自己身上的不足。不远处不时传来友好的笑声，这是正在上演的皮影戏，通过野兽和鸟的形象，讥讽人类的各种恶习：贪婪、懒惰、傲慢、自高自大。特别让我吃惊的是，那些游艺娱乐设施种类繁多、设计巧妙，充满了奇思妙想。

过节期间，正赶上克·叶·伏罗希洛夫（苏联最高苏维埃主席团主席）访华。伏罗希洛夫和毛泽东来到中山公园，参加了游艺活动，并和年轻人一起轻歌曼舞。离开公园时，我们每个人的心上，都铭刻着与伏罗希洛夫和毛泽东一起庆祝节日的难忘记忆。

这个节日让我们看到，中国的年轻一代正充满激情奔向未来。他们刻苦耐劳，面对学习、工作中的困难无所畏惧。与此同时，他们在休闲的时候也会纵情娱乐，开怀大笑。

很多年过去了，回忆再次把我带回了幸福的大学时光。于是，出现了一个神奇的故事，不是做梦，而是真切的现实。1998 年，我有幸参加了一个盛大的节日——北京大学建校100 周年庆典。这是一次梦想之旅。

节日的校园就像一个被打开的珍贵宝盒：装裱一新的题字，古老建筑的镂空雕花，无数个鲜花盛开的花坛，碧绿的草坪……优雅庄重的宝塔，像一颗裹着彩灯的宝石闪耀着光芒，它是北大的象征。我们亲昵地称自己的学校为"北大"，37年前我也曾在这里学习，拿到了红色的毕业证书。当年，在北大求学的有3名来自哈萨克国立基洛夫大学的学生，我是其中之一。

重返北京大学

我重返北大了！明媚的阳光，湛蓝的天空，雪一样的白云倒映在平静的湖面上。湖中的小岛、亭子、洞穴、小桥、回廊，还有铜像和石雕，校园中的这些古迹，曾是豪华的皇家园林的一部分，所有建筑都带有古典中式风格。目前，校园三分之二的区域是新建的现代建筑，包括各个系的办公楼、教室、演讲厅、实验室和图书馆等。几台塔式起重机显露在新建楼群之间。

北京大学作为中国最高学府，在世纪之交开始了自己历史上第二个百年历程。1949年中华人民共和国成立以来，有数万名北大毕业生在国民经济的各个领域工作，他们中间有著名学者、企业家、国家部委管理部门的专家。我以前就读的地质地理系，现在更名为城市与环境学系；还有电子学系、计算机科学技术系、信息管理系、政治学与行政管理系、社会学系等。随着时间的推移，出现了很多新的专业：微观经济学、真空物理学、原子核物理学等。新的学科产生于现实生活和改革的需要。在改革年代，北大的科研工作被授予很多国家奖项，还获得过联合国教科文组织的嘉奖。

北大与很多国外的高等学府开展交流和合作。目前，图书馆藏书500多万册，新的图书馆大楼占地5.2万平方米，是亚洲最大的高校图书馆。学校里设立了计算机中心、电教和分析研究中心、大型综合实验室。此外，还有地质、考古、文学和艺术博物馆。整个校园占地232公顷，这么大的面积，简直令人难以想象。

北大的成功，除了国家财政上的保障外，还有多年来附属生产企业的辛勤工作作支撑，其中包括方正集团公司。方正不仅推广使用自己的发明和最新技术，它还是一个国际企业，是中国500个最大的实验性公司之一，在日本、马来西亚、新加坡、加拿大和美国都有自己的分支机构，也是中国大学自办的最大企业。在"产学互动"的口号下，方正集团通过推广自己的科研成果，每年收入达6000万元。

北大100年了！全国最优秀的画家、建筑师、艺术工作者都忙碌着筹备庆典。节庆活动期间有很多安排，包括科研竞赛、招待会、庆祝大会、各种见面会、演出、游览、展览、宴会等。5万余名国内外嘉宾参加了此次活动。他们来自各个年龄层次，有大学生、教师、学校工作人员、北大仰慕者、毕业生、国外贵宾以及国内其他高校的代表。

北大未名湖

我们班24个同学中来了18位，他们来自全国各地。很多人像我一样已经退休，有几个至今还在高校、科学院、科研院所和出版社工作。从大学毕业算起，我们大部分人已经阔别了37年。忙碌的工作、家庭、距离遥远以及各种社会"运动"等，把我们所有的人分开了那么长时间。几天的同学聚会，把我们带回了大学生活的沸腾年代。彼此的回忆，使我们心中充满了青春、幸福和快乐的感觉。相互展示新老照片，谈起经历过的年代、工作及子孙，就好像我们从未分开过一样。一切都那么明白、亲切和珍贵。令人惊奇的是，宴会上所有人都滴酒未沾。餐桌上摆着果汁、矿泉水和丰盛的中式美味佳肴。以往，饭桌上一定要有大米饭，再配上一些绿色蔬菜。而现在，米饭不见了，桌子上摆满了各种鲜美的肉菜。除了通常的鱼，还有猪肉，最受欢迎的是羊肉和牛肉。宴会上喜欢唱的歌曲依然是《莫斯科郊外的晚上》和《祖国进行曲》。

中国发生了翻天覆地的变化。人们面带微笑，自由自在，饮食无忧，衣着体面，住房舒适，中国人在很多方面变得让我认不出来了。这种变化令人高兴。这里与以前一样保持着清洁和秩序，社会各阶层都表现出高度的责任感，在各个工作岗位上都体现出纪律性和自我奉献精神。这一切是多么熟悉啊！精心安排和考虑周全的制度——这就是当今的中国社会。

小个子、充满智慧的伟人邓小平，开创了一个伟大的现代

国家。通过他的努力纠正了政治路线错误，实行对外开放，让人们富了起来。他留下遗嘱，要求把骨灰撒进大海。然而，邓小平却长久地活在很多代中国人的心中。

我为中国人的成就感到高兴，并赞赏不已。多么幸福的人民！我向庄严的宝塔投去告别的一瞥，这个宝塔让全世界的人知道了北大，我的心为它而停止跳动……

与中国意外重逢

提起中国，我总是充满了愉悦和欣喜的感觉。我为中国经济和社会生活领域取得的巨大成就感到高兴，这些成就让全世界惊讶不已。在我的生活中，能在阿拉木图再次与中国，与一个多年前我曾到过的城市不期而遇，简直令人难以置信！

2004年，当电视广告吸引我来到阿杰姆贸易中心的大厅里，置身于瓷器王国之中的我才得知，中国东南部著名的城市景德镇，正在这里举办展销会。这是一次了不起的举动：辗转几千公里，把如此之多的易碎展品运到了哈萨克斯坦。

景德镇瓷器博物馆（供图：FOTOE）

瓷器是中国人的古老发明，享誉世界，其影响力和需求与日俱增。我的记忆回到了44年前那次难忘的古老瓷都之行。2000年前，中国瓷器艺术就在这里诞生。参观工厂车间和博物馆，游览城市后，我形成了这样的印象：这里每一个院子、每一户人家、每一位居民都做着神奇的工作，创造着养眼养心、异常优美的器皿，它们用艺术的精美和凝练，抚摸着你的眼神，震撼着你的感觉、想象力和思维。色调的和谐、雅致和瓷器上彩绘线条的造型，令人陶醉、赞叹。古人曾说，瓷器要"白如玉、明如镜、薄如纸、声如磬"。

在品种繁多、各式各样的瓷器中，除了茶具还有餐具，包括高脚盘、瓷碟、瓷碗，以及酒坛和雕像等。自古以来，瓷器与丝绸一样，是中国重要的出口产品。世界上很多博物馆的展品中都有中国瓷器。考古发掘发现，七八千年前古城的遗迹中，就保存着陶制器皿以及做成人和动物形状的陶塑。

随着技术的完善，出现了很多瓷器生产作坊。传统彩绘的特点，是描绘山水风景、花、鸟、鱼、竹子和风俗人情的场面等。

在景德镇的瓷器博物馆里我了解到，从 17 世纪中叶到 18 世纪末，皇家直接为景德镇的瓷器生产提供支持。御用画家们奉命向工匠们提供装饰瓷器的绘画和图案，于是出现了根据历史小说、戏剧和传说故事情节创作的绘画珍品。此时，以书法题诗装饰瓷器开始流行，传统的蓝白相间、有着透明绘画的彩釉瓷器开始出现，其中有茶具、餐具、花瓶、瓷碗和瓷雕。在景德镇瓷都博物馆独一无二的展品中，有一个茶碗最令人为之

倾倒，在其底部竟然能够透视出一个曼妙女子的倩影。

我的思绪重新回到了阿拉木图。在我的面前是一个瓷器王国，勾起了我对瓷都神奇之旅以及制作瓷器的"魔术师"工匠们的回忆。

目前，中国的陶瓷制品出口至世界上100多个国家。除了景德镇，还有很多以陶瓷工艺闻名的城市，如唐山、淄博、醴陵、宜兴等。

中国有1000多家制瓷企业，每年生产几千万日常陶瓷制品以及为贵宾准备的独具匠心的礼品瓷。中国瓷器以雅致著称，带给我们高层次的美的享受。

中国艺术大师和各个历史时期工匠们制作的瓷器作品，作为一种最珍贵的古董，被世界各地的博物馆、众多的藏家和著名的宫殿收藏。

中国——我的爱

在中国学习的那几年，我们度过了美好的青春年华。我们是少有的幸运儿，能够来到这个神奇的有着古老文明的国家。我们充满了激情和决心，克服了学习汉语的重重困难，并掌握了必要的专业知识。中国的留学经历，在我的生活中留下了不可磨灭的印迹。在我的心里，永远存有一份对中国的爱。这个国家鲜活地证明了其自身的坚强，展示了作为强大精神力量的古老生存哲学的睿智。在中国，人们对生活豁达乐观，正在用辛勤的劳动创造美好的未来。对每个人来说，社会利益都是第一位的。精心安排和考虑周全的制度——这就是当代中国社会。这个伟大的现代国家，正走在21世纪为人们创造幸福和平生活的路上。

我喜爱这个国家，喜爱我们的古老邻邦，赞赏这个强大的现代国家在发展经济文化和改善人们生活方面取得的巨大成就，并为此感到骄傲。我喜爱这个文明古国在社会生活各个方面表现出来的智慧，他们为世界带来了很多新发明。目前，这个国家在组织安置人们的生活、保障他们安宁和幸福等领域取得的成就，让全世界感到惊讶。我经常思念我的中国朋友和同学，祝福他们富裕开心！

那些人，那些事

文光美

2008 年，当全世界的目光都聚焦在中国的首都北京，当所有的国人都沉浸在"奥林匹克"的振奋与喜悦之时，我意外地收到了一份沉甸甸的入职通知。就在 8 月北京奥林匹克运动会完美收官之时，我光荣地成为中国人民对外友好协会的一名民间外交工作者。

虽然学习俄语十年有余，但我对中亚却是毫无所知。随着工作的深入，"中亚"这个陌生的字眼与那些名字中带有"斯坦"的国家，悄无声息地慢慢走入我的视野，走进我的生活。我们处的职责是与欧亚 12 国开展民间友好交流与地方合作。那会儿，中国中亚友好协会刚刚成立，我被安排从事对中亚五国的工作。

从零开始，总会有些力不从心和忐忑紧张。我开始有意去了解中亚五国的情况，虚心向老同志学习业务办案和调研写作，主动地与每一位与中亚有交集的中外友人打交道、交朋友，共合作、同担当。时光荏苒，六年过去了，我不仅在工作中开始变得游刃有余，被处里的小伙伴们"尊"称为"中亚女王"，而且对中亚也有了一份特殊而深厚的感情，特别是有些人、有些事，在记忆中总闪烁着让我一生都难以忘怀的感动与感悟。

第一次"接客"

友协的工作以"为国交友"为目标，"迎来送往"是我们

工作中很重要的一部分。因为外宾接待往往从机场开始，所以奔赴机场时我们都开玩笑地说是去"接客"。我入职后的第一批客人就是哈萨克斯坦支持民间外交基金会主席阿布哈伊洛夫一行 5 人。那是在 2008 年 10 月，我到友协的第三个月，还处在一种懵懵懂懂的状态。

哈支持民间外交基金会是一个非政府、非营利性的社会团体。我会经时任哈议会上院议长托卡耶夫推荐与该基金会建立联系，并邀请其主席率团访华。值得一提的是，自从苏联解体后，包括哈萨克斯坦在内的很多新独立的原苏联国家都解散或削弱了对外友协这个组织，这使我会在这些国家失去了原有的"强大"的对口合作伙伴。我们只能在不断加强与现存的几个国家的"纯民间"友好组织合作的基础上，另辟新径，挖掘新的合作伙伴。哈支持民间外交基金会便是我们在哈萨克斯坦"踏破铁鞋"后寻觅到的尚可交往的民间友好组织。领导非常重视这个代表团，安排我和一位老领导全程陪同代表团活动。

话说我们的"接客"工作还真不是一件轻松的事。代表团到访前我们就要安排好他们在华的食宿行和所有日程，参观游览时要做好旅游向导和俄语讲解，会见宴请时得稳坐翻译席，购物时还要非常巧妙地帮外宾讨价还价……于我这个新人而言，这完全是一种全新的挑战，当时感觉"压力山大"。好在主席先生是一位非常实在、憨厚又爽快的人，待人也很亲切。他长得微胖，走起路来有些摇摆。他的啤酒肚很大，我开玩笑地问他："里面都装的什么宝贝啊？"他就笑呵呵地说："我是带了很多合作项目来的，这里面都是好东西……"

　　代表团成员都是第一次来中国，又是新的合作伙伴，刚开始多多少少有点拘束。给我印象较深的是我会时任会长陈昊苏宴请的那晚。大家围坐在王府井全聚德烤鸭店的宴请厅里，主席先生正襟危坐，略显紧张，不太多语。昊苏会长见此，开始亲切地向他介绍北京烤鸭的由来和做法、全聚德烤鸭店的历史和故事，并亲自演示如何吃北京烤鸭，还请服务员协助每位外宾卷好烤鸭，使现场气氛变得融洽和轻松起来。渐渐地，主席先生显得放松了许多，他擦了擦额头上的汗，微笑着品尝美味的烤鸭，然后用带有豪放的哈萨克口音的俄语开始滔滔不绝地介绍他的合作愿望和建议。我很窘迫而紧张地坐在昊苏会长旁边的翻译席上，听着他越来越快且不停顿的"外语"，越发感觉自己已经腾云驾雾，像孙猴子一样飞到了十万八千里外。是的，我已经完全听不懂主席先生在说什么了，第一次正式翻译的经历让我感到异常尴尬。后来帮我救场的领导安慰我说："没关系，第一次翻成这样已经很不错了，而且也不能怪你听不懂，他的俄语里搀着不少哈语呢！"

　　宴请过后，主席先生很不好意思地请我帮他点一些吃的，因为他说烤鸭没吃饱。我把他带到附近的一家兰州牛肉面馆，点了一大碗牛肉面，他像一个饥肠辘辘的小男孩儿，津津有味、畅快淋漓地吃起来，吃完后满脸的幸福与满足。自此，我们的关系也变得亲近了很多。

随后，我们陪同代表团还访问了上海，一起度过了7天紧张而充实的美好时光。临别时，我依依不舍地与他们告别。主席先生紧紧地拥抱了我一下说："娜塔莎（我的俄文名字），别难过，相信我们很快就会见面的！"

"哈萨克，我来了！"

2010年6月，一架乌兹别克斯坦航空公司的飞机缓缓降落在阿斯塔纳国际机场的跑道上。在结束了对土库曼斯坦和乌兹别克斯坦的访问后，由时任全国友协副会长、中国中亚友好协会副会长李建平率领的全国友协代表团应哈支持民间外交基金会邀请对哈萨克斯坦进行友好访问。时隔一年多，能在哈萨克斯坦的土地上与老朋友们再相逢，我的心情自是说不出的激动。曾随阿布哈伊洛夫主席访华的基金会秘书长祖赫拉女士挂着拐杖，与年轻的女助手阿廖娜一起已在机场等候多时，她们热情地上前与我们拥抱，欢迎我们的到来。

驱车驶向饭店的路上，我细细观察着眼前的这座新都，感受着它带给我的朝气蓬勃的生命气息。1997年，纳扎尔巴耶夫总统下令将首都由阿拉木图迁往中北部的阿克莫拉，并将其更名为阿斯塔纳（"首都"之意）。在随后的13年间，这座城市进行了大规模的改建和扩建工程，由一个只有20万人口的荒凉小镇崛起为一座现代化都市。市内遍布着花坛、草坪、微型公园和城市广场；贯穿城市的伊希姆河给整座城市带来了一股灵气，彰显着它的包容与开放。两岸的大理石街道宽阔而笔直。我们漫步其中，仿佛置身于俄罗斯圣彼得堡的涅瓦大街；我们乘船沿河游览时，看到很多市民在河边休闲，有的带着孩子嬉戏玩耍，有的相拥着坐在长椅上促膝交谈，还有三三两两的年轻人弹着吉他唱着欢快的歌儿。他们的衣着和打扮随性而时髦，时不时向我们送来善意友好的微笑，我们也微笑着挥手回应。他们是如此自在快活，尽享美好的青春与人生，难怪有人说阿斯塔纳是中亚最现代化、最发达且人民生活幸福指数最高的城市。

阿斯塔纳的很多建筑都金碧辉煌，各有特色。总统府天蓝色的圆顶与蓝天白云相映生辉，映衬在洁白的大理石主楼上，更显其威严气派。可汗沙特尔这个世界上最大的帐篷贯穿阿斯塔纳城市中轴线的人行道终点，另一端则是被称为"和平与复和之殿"的金字塔状文化研究中心。位于城市中心黄金地段的巴伊捷列克塔紧邻即将建成的中亚第一高楼阿布扎比大厦，成为阿斯塔纳的标志性建筑。阿斯塔纳街道宽阔，街上行驶着各式世界名车、豪车。一次，我们在斑马线一端等待绿灯亮起，眼前的车辆疾速穿梭着，就在黄灯转向绿灯的一刹那，从远处疾驰而来的一辆宝马跑车戛然停在白色线上，里面一个帅气十足的小伙子探头出来，微笑着向我们招手示意我们过去。在人与自然的和谐、车与人的谦让、男人对女人的尊重以及积极追求幸福生活方面，这个国家的人民做得真的很好！

如果说阿斯塔纳给我的第一印象是"新"，那么阿拉木图则是兼具现代化气息与深厚历史文化底蕴的欧洲化中亚大都市。这里历史悠久，风景秀美，文化商业设施齐全，且被称为全球绿化最好的城市之一。第一次来到阿拉木图，我就深深地爱上了这座城市。该市的教育堪称一流。我们先后参观了阿里—法拉比哈萨克民族大学、哈国立医科大学、哈国立农业大

代表团参观阿里—法拉比哈萨克民族大学。

学和哈国家关系与外国语大学，与各校领导分别进行了对口会谈，探讨了开展校际合作的可能性。我们发现，哈各高校对与中国开展合作兴趣浓厚，且具备成熟的合作条件，不仅硬件设施过硬，软实力也很强大。哈民族大学正计划筹建汉学研究所，会见时厅里坐了满满一屋子人。校长说他特意召集了学校所有的老师来参加会见，就是希望听一听中方专家对未来合作的建议和意见。而哈国立医科大学则对引进中医、培养本国中医人才尤为重视。还记得会见后，该校领导专门委派国际交流部负责人跟随我们来到餐厅，与我们共进午餐，就是为了继续探讨合作事宜，其"穷追不舍"的态度再次印证了哈方对与我开展交流与合作的热情与积极性。几场学校的参观和会见下来，我

不仅感觉眼界大开，也很受触动。我很高兴友协为双方的高校提供了这样一个相互认识和了解并通往未来合作的平台，也深深感觉到自己所从事工作的重要意义和沉甸甸的使命感。

　　阿里—法拉比哈萨克民族大学孔子学院的老师告诉我，目前包括哈萨克斯坦在内的中亚国家正掀起"中国热"，普通民众渴望了解中国，很多家长都希望自己的孩子学汉语，学生们学习汉语的热情也很高。哈方和国内虽对孔子学院的发展非常重视，硬件设施逐步完善，但孩子们"学以致用"的实践机会和有效交流的平台非常有限。听到此，我先是非常振奋，"中国热"不正说明腾飞的中国越来越受到世人的关注吗？同时我也觉得有点遗憾，或许，作为中国成立最早、最有影响力的对外友协，可以在两国的青少年交流上有所作为。

　　临回国前的那晚，阿布哈伊洛夫主席在麦迪奥山脚下一个

非常幽静且独具特色的郊外餐厅宴请了我们。身为好客慷慨的主人，主席先生见到我们显得非常激动，不住地和我们回忆首次访华时的情景。几天下来很有收获的我们亦是难掩感激之情。相对于友协这个半官方、半民间的社会组织而言，哈支持民间外交基金会只是一个成立不过几年、无政府资金支持、纯民间的社会团体，但接待过程中他们表现出的周到细致和敬业精神却让我很是震撼。他们竭尽所能地动用自己的社会资源为我们安排会见和参观，自筹资金为我们安排两地的部分食宿行，而祖赫拉女士虽行动不便，却始终面带微笑陪同我们全程，尽心尽力。我想，他们的工作能做到这样，也算自我能力范围内的一种"极致"了。微有醉意且略带兴奋的我在那样一个美妙的夜晚，不禁对所处的这个国家以及生活在这里的人民肃然起敬！

庄严的一票

2011年4月，哈萨克斯坦总统选举提前举行。这件事本身可能有点意外。但让我更为意外的是，当时在外交部学习的我非常荣幸地被指派参加上海合作组织国际观选团赴阿拉木图观摩总统选举。这是我平生第一次观摩一个国家的总统选举，对于生在边远城市的"俄语人"来说，这无异于中了头彩。

观选团团长是时任上海合作组织副秘书长宏九印，随行的还有其汉语超棒的俄罗斯籍助手谢尔盖，一位风趣幽默、知识渊博的老大使和样样精通的外交部同事。一路上，我们谈笑风生，他们给我讲了很多与哈萨克斯坦有关的有趣的人和事，并介绍了观选的内容和注意事项。我心里很是好奇地想象着观选会是一种怎样的情形：或许会有机会亲眼目睹一下纳扎尔巴耶夫总统本人？老百姓都会去投票吗？谁会成为最后的赢家？

这满脑子的问题让我变得越发兴奋和激动。初到阿拉木图的那一夜，我失眠了，虽然时差只有两个小时。

第二天，我们分别拜会了哈中央选举委员会和参选各党派的领导，听取了他们对选举筹备工作、竞选理念和纲领的介绍，这让我对即将开始的选举多多少少有了了解。选举当天，我们起了个大早，只见外面淅淅沥沥的小雨夹杂着不大的雪花，将这座中亚著名的"苹果之城"洗刷得干干净净，更凸显了它的庄严与肃穆。只是，这样的天气多多少少让我替今天的选举捏了一把汗：选民们会不会因此而放弃去投票呢？事实告诉我，我的担心是多余的。我们撑着伞走访了几个选区的投票站。我们看到，每个投票站的选民都络绎不绝、组织有序地排着队参加投票。大学里的大学生多被组织起来以班级为单位投票，居民区的选民则是自愿自发地前来投票，而对于那些行动不便、身患重病的选民则采取送选票上门的方式。后来根据哈中央选举委员会统计，此次选举的投票率达 89.9%，这足以说明哈萨克斯坦人民心系国家发展、积极参与国家大事的较高政治热情。在通往民主法治、繁荣发展的道路上，我想，哈萨克斯坦人民可以说是幸福和幸运的。

我们听取了每个投票站负责人的介绍，现场观察了选票和票箱的准备、选民身份的验证、选票的领取和投票的全过程。每个投票现场都安静有序，选民默默地走进来，在指定区域找到自己的名字，验证个人信息，然后了解候选人情况，最后将自己神圣的一票投入箱中。投票现场也处处洋溢着温暖的正能量。如在投票站设置母婴休息室和医务室；不论大小投票站，都设有为残疾人准备的封闭投票间……而且很多地方都"就地取材"，利用学校和企业作为投票站，充分节省资源和人力，这其中体现的人文关怀和细节至今令我印象深刻。

还记得选举那天午后，外面的雨夹雪慢慢变成了纷飞的大雪，天色渐渐暗下来，选民开始减少，我们蜷着身子在一个居民点继续观察选举。这时从外面走进来一位老奶奶，应该80岁有余，她拍了拍身上的雪花，拄着拐杖在家人的搀扶下径直走到投票点，领取并填写选票，然后很严肃认真地将自己的一票投进投票箱。我很是动容地上前扶住她，自我介绍一番后，不知哪儿来的勇气，我竟脱口问道：您能告诉我投的是谁吗？（其实作为一名国际观察员，在投票站并不适合问这样的问题，因为确实之前问的一些人都不愿直接回答）我的内心有点忐忑，怕再次遭到拒绝。可眼前这位老人却毫不犹豫且语气铿锵地回答道："他，只能是他，必须是他。"我知道，她口中的这个"他"，就是备受哈萨克斯坦人民尊敬和爱戴、带领哈萨克斯坦人民走向光明幸福道路的领袖纳扎尔巴耶夫。那一年，纳扎尔巴耶夫总统再次高票当选哈萨克斯坦总统。

这次观选让我对纳扎尔巴耶夫总统的佩服和敬仰之情油然而生。我开始更多地关注这位领袖和他领导的国家。2013年10月，我会与哈萨克斯坦驻华使馆在京成功举办《领袖——哈萨克斯坦总统努·纳扎尔巴耶夫纪实》中译本首发式。这本书让我更近距离、全方位地了解了这位伟人的传奇一生，感受到了他充满智慧的人格魅力。是啊，有这样的领袖和这样的人民，这个国家怎么会不更加欣欣向荣、繁荣昌盛呢？！

"大公主"驾到

2014年10月，应我会李小林会长邀请，哈萨克斯坦议会下院副议长兼首任总统基金会主席纳扎尔巴耶娃来华访问。没错，她就是纳扎尔巴耶夫总统的长女、哈著名的政治家和歌剧演唱家，我们私下称呼的"大公主"。据说，她是纳扎尔巴耶夫最得意的孩子之一，在陪同总统出访时，经常担当"第一夫人"的角色。怎么样，凭这些介绍是不是足以看出这位"大公主"的气场？

"大公主"从机场抵达贵宾楼饭店的那晚，我负责在一层大厅迎候。当长长的车队在开道警车的引领下驶抵饭店门口时，我快步迎了出去。只见主车上走下一位瘦高的女人，或许是艺术家的缘故，也或许因为生于领袖之家，她的身上散发着一种与众不同的气质，昏暗的夜色依旧掩盖不住她优雅端庄、得体大方的美丽面孔。但人们可能并不知道，她已经是3个孩子的奶奶了。

第二天全天都是会见活动，首场安排在友协会见李小林会长。作为开场，我负责用俄语讲解近年来我会对哈开展的重要工作。虽有些紧张，但我还是顺利地完成了讲解任务。当大家

用掌声给予我鼓励与肯定时，我看到"大公主"的脸上露出了会心而满意的微笑，这让我的心里很是温暖。她们的首次见面让人很有一种"相见恨晚"的感觉，会见异常成功，气氛友好而热烈。关于合作、关于未来，她们都有着共同的期待和目标。在她们的见证下，签署了《中国人民对外友好协会与哈萨克斯坦首任总统基金会合作协议》。自此，中哈民间交往与人文合作又迈出了坚实而重要的一步。

接下来的几场有点像赶场却不是走过场的会见虽时间短暂，却取得了不凡的效果。通过近距离的观察，我发现"大公主"其实很平易近人，才气过人。她思维敏捷活跃，态度谦和友好，总能抓住问题之关键所在。她尤其关注中国在医疗、卫生、社保和教育等领域的改革进展，希望从中获取有益经验为其国内改革提供借鉴。看得出，她是一个务实、希望有所作为且低调不张扬的人，这虽与我之前对她的认识有所反差，但印象是极好的。

在会见完张德江委员长后，我们陪同"大公主"一行参观人民大会堂。在金色大厅，我们曾举办过中国与中亚五国建交20周年大型招待会的地方，我们都很想和"公主"单独照一张相。于是，我们怯怯地上去试探她的口气，没想到她非常爽快地答应了，而且面带微笑、不厌其烦地与我们陪同人员一个一个地合影留念。只是非常不幸的是，我和"大公主"的合影曝光过度，照得很不理想。当她知道了以后，亲切地安慰我说：没关系，回去用相片处理软件调一下光就可以啦！

看着她，我想起参观北京101中学时她对孩子们的和蔼可亲，想起看到北京儿童医院里身患重病的孩子时她的不安与担心，想起她与随行来访的同事们姐妹般的深情厚谊，突然间觉得眼前的这位"公主"可爱至极，我们之间的距离似乎也拉近了很多。其实，人与人之间的交流就是如此简单，相互了解与信任会为不同国度、不同民族的人们搭起一座坚实而长久的友

那张曝了光的珍贵合影

谊桥梁，或许这就是习近平主席提出的"民心相通"工程的精髓，也是我们这些民间外交工作者一生矢志不渝的职责与使命。

在我"今天"的故事即将结束之时，我想我与哈萨克斯坦"明天"的故事也才刚刚开始。就在今天，2015 年 6 月 26 日，我会与哈驻华使馆又成功举办了"哈萨克斯坦的今天与明天"圆桌会议。与会者深入探讨了纳扎尔巴耶夫总统提出的"2050国家发展战略"和"光明之路"新经济政策及其与"一带一路"规划的互补性，共同展望两国及两国关系的美好未来，也看到在不久的"明天"哈萨克斯坦人民在纳扎尔巴耶夫总统的领导下将不断创造新的辉煌！而在我们的今天与明天里，那些曾走进我们生命的人和事，将与即将源源不断走进我们生活的那些人和那些事一起，铸造我们共同的美好的明天。

哈萨克斯坦，我为你祝福！

中国医生和我的病友

柳·斯拉斯季希娜

（哈萨克斯坦俄语和文学教师）

我怀着巨大、真诚的愉悦之感来讲述我与中国的相遇。为什么呢？我希望自己心中的感激之情能够被人倾听，这是我向中国朋友们公开道谢的一个机会。

我的故事很简单：2011 年我被诊断患了重病，需要进行复杂的手术。而此前不久，我的妈妈过世了。她病得很重，而我因忙于照顾她，却忽视了自己的疾病。

记得当我坐下来陷入沉思那个时刻，我尽力控制住自己，以便作出一个正确的决定。我不想在哈萨克斯坦做手术，因为在我看来，不应该让亲友们知道我的病情。那该怎么办呢？此时，我想起了在乌鲁木齐的一个熟人。他总是说，如果身体有什么毛病，或许可以在中国治愈。我想，是啊，在医学方面中国有着古老的传统，而且具有公认的高水平医疗服务。于是，我迅速收拾行李，立即飞往乌鲁木齐，不给自己留下反悔的时间。

我飞向一个陌生的国度，在那里，除了萨沙——我的朋友，我谁也不认识，不懂语言，甚至不能独立求助。临行前，几个与中国有业务联系的阿拉木图人把他们在乌鲁木齐的朋友们的电话号码给了我，并且确信那些人一定会帮忙。

就这样，素不相识的人开始与我机缘相投。随时陪伴我的，是中国人的善良和同情心。萨沙帮我选择了医院，我与王大夫进行了沟通，他很快就作出了诊断。只是后来才知道，我是多么幸运！这是一位高水平、经验丰富的外科医生，他既细心又

能体贴人，并且对所有的病人都一视同仁。

　　2011 年 12 月底，医院给我做了手术。手术持续了好几个小时，做得很成功。有关勤劳敬业的护士们，严密的医疗程序及治疗的专业氛围，我可以说很多很多。令人惊讶的是，医院科室的工作组织得那么井井有条，以至于没有一个病人受到忽视。但特别让我感动至深，并促使我要写一写的，是同病房女友们那令人感动、友善的态度。我甚至没有察觉，她们常陪我在一起，虽然她们每个人都有自己的亲朋好友，有相当棘手的问题。手术后，我完全处在孤独无助的状态。但是，同病房的病友们一看到我的嘴唇干了，就马上给我润湿；一看到我需要翻身、调整枕头，立刻就过来帮忙。这种并非强求的耐心关爱给了我力量——我并非一个人。

　　后来，我们一起说笑，谈论男人，当然是使用手势和面部表情。顺便提一下，我明白了，中国男人的缺点与我们哈萨克斯坦的男人一个样！就这么回事，都需要对他们进行教育、再教育。

我们的幽默感很契合。我是刚一睡醒就要涂口红，病友们也是立马就开始打扮自己。有关的话题，用几个小时都述说不完，我们是多么相似啊！

现在说一件最感动的事。有一次我发神经，边哭边可怜自己，无法忍受了！为了不打扰别人，我到离病房稍远一点的地方哭泣。而细心的病友们正在悄悄地为我焦急不安。突然，王大夫出现在眼前，看了我一眼就消失了。到了晚上，一群探视者鱼贯而入，带着水果、鲜花等东西来到我面前。这些我只见过一次的人们来到我跟前，对我说着鼓励的话，并开玩笑逗趣儿。我不懂中文，但我明白，这些人非常关心我，并把我记挂在心里。难道能忘掉这些吗？我不能忘记萨沙像儿子一样热心地照顾我，而他的妻子用某种特别的方式为我洗头。还有，因我术后的刀口长得挺好，王大夫是多么高兴呀！

当我离开医院去机场时，正值深夜，我尽量不吵醒别人。但当我走到病房门口时，我的病友们都起来了，并且不顾我的反对，硬要送我到电梯口。我们相互拥抱、亲吻——我们彼此理解。

"最重要的东西不是靠眼观，而只能用心来感受"。面对着真挚、友爱和坦诚，我的心扉敞开了，正是这些东西助我病愈，继续工作并享受生活！

谢谢所有人，那些我在乌鲁木齐遇到的人们，特别是萨沙和王大夫。

我想，我们两国人民之间的友谊大厦，正是用一个个平常交往的故事这样的小小砖块来筑成。我和中国相识的故事就是这样！对我来说，这好极了，虽然引起这个故事的由头不太好。

我与中国的故事

亚·安德烈耶夫

（哈萨克斯坦古米列夫大学东方学系学生）

"让我们携起手来，弘扬传统友谊，共创美好未来。"

——习近平

清晨，我一觉醒来，脑子里出现的第一个念头就是："今天有中文课，这意味着我距离自己的目标又近了一小步。"这种念头总是赋予我力量，于是我以愉悦的心情去洗漱。穿戴整齐，吃过早饭，我去大学上课。

天气令人不爽，下着讨厌的雨，许多路人为此脸色阴郁。他们中谁都不明白，为什么我走在路上面带微笑；他们中谁都不知道，是什么事情让我振奋。我很想与整个世界分享我好心情的秘密，但我怕不是所有的人都能理解。

在学校里，我总是高高兴兴地完成老师布置给我们的全部作业。一想起今天晚上在孔子学院还有课，我就变得更加快乐。很多人不明白是什么让我如此狂热，为什么我如此迷恋学习中文？我觉得，就连你们也暂且不明就里。但我想，当读完这篇有关我与中国的故事，你们就会理解我了。

今年夏天，我成为幸运者之一，得以参加孔子学院夏令营项目。不用说，我的确是个幸运者，因为我终于有可能把大学里所学的知识派上用场，可以更好地了解现代中国社会，埋头于中国人民的传统和历史。

我们的旅行始于阿拉木图机场，孔子学院的老师们陪伴我们。当飞机的起落架在乌鲁木齐接触到中国的土地，这是一种无与伦比的感觉。但这座城市我们只是路过，过两个小时我们的团队又起飞了，飞向中国的地理中心——兰州市。

我们乘坐大巴车从机场抵达当地大学。虽然走了相当久，但时间不知不觉就过去了，因为我们对所有的一切都感兴趣，包括中国的大自然。

在学校里，我们受到了贵宾般的接待，他们为我们安排了最好的房间。稍事休息后，我们去参加欢迎仪式，之后，便去了一个非常好的餐厅用餐。当我们行进在路上的时候，我一直在开动脑筋，试图记住任何一个细节。

在餐桌上，为了感谢学校工作人员的热情接待，我平生第一次试图用中文说出自己的祝酒词。现在我明白，当时说的不全对，但是"干杯"一词说得很有自信，老师们很惊讶。接下来的几天里，我去上课，在课堂上学到了很多新东西。但是，在与中国民众的直接接触中，我获益更多。

我的第二个收获是：我觉得，所有的中国人都很友好，所有的人都尽量与我交谈。最重要的是，如果我说得不对，他们不是嘲笑我，而是很耐心地解释应当怎样正确地表达。

几天以后，我们去了学校的另一个教学楼。中国学生们正在学习俄语。在那里，我遇到了如今我最好的中国朋友，他叫王杰。后来当我们回到旅馆的时候，王杰到我房间来做客。我们每天都见面，可以说，我从他那里学到的东西，比在任何一个老师那里学到的都多。而最主要的是，我学会了感知中国。他甚至不需要用俄语向我解释，甚至那些并不明白的中文，以及他说的一半我听不懂的话，都不妨碍我领会其中的实质。很难用语言来表达，我是用什么方式理解王杰。但自从结识了这位大学生，我开始用全然不同的方式看待中国。我确定了自己人生的目标，就是建立我们两国人民间的友好关系。我甚至不

能想象，要是没有中国，我的生活会是什么样子……

　　时光飞快流逝，我们离开兰州去郑州。临行的前一天，王杰问我："你有中国名字吗？"我回答："没有。"他说："你可以自己选一个名字，但我希望你的姓和我一样，都姓王。"我稍微想了一下，说："那就叫王龙吧！王杰，你要知道，这回你在哈萨克斯坦有个兄弟了！"他笑了，我们握了握手，便坐上了大巴，驶向车站。后来，我还去了五个城市，但兰州是我整个旅途中印象最深的一个。

　　现在，每天我都饶有兴致地去上中文课，因为我想获得赴中国学习的机会，接受良好的教育，以便能够达到自己的目标——发展哈萨克斯坦和中国的友好关系。找到自己目标的人，便是地球上最幸福的人！

后记

受外交部老干部笔会和五洲传播出版社的委托,由我负责主编"我们和你们"系列之《中国和哈萨克斯坦的故事》(Истории о Китае и Казахстане)一书。这本身就是一件很有意义的工作,加之我对哈萨克斯坦的不解情缘,更感责无旁贷。

贯穿该书的一条红线,就是弘扬丝绸之路精神,传承两国人民友谊。当今,在我们双方加紧对接"丝绸之路经济带"建设和"光明之路"战略规划的大背景下,编撰出版中哈两国和人民之间的友好故事(中、俄文版),更有特殊的现实意义。

《中国和哈萨克斯坦的故事》文集的一大亮点,就是中哈双方20多位作者共同携手合作,相互补充启发,更加全面、真实地还原了20多年来两国所发生的巨大变化及双边关系稳步发展的历程,歌颂了两国人民心心相印、亲如手足的传统情谊,为新形势下中哈全面战略伙伴关系传递正能量。可以毫不夸张地说,其中许多故事凝结着作者长年的心血,充满了真情实感,颇具可读性,无疑会对我们两国年轻一代有着某种借鉴作用。

哈萨克斯坦首任总理温馨地追忆了24年来"远亲不如近邻"的五个重要片断,从苏联解体前夕亲自开通第一条哈中"铁路丝绸之路",刚一独立就率领政府代表团访问中国,作为执政党领导人与中联部一起开拓党际联系,到直接参与创立博鳌亚洲论坛、推进欧亚经济论坛务实合作,不愧为老骥伏枥,一直在为振兴丝绸之路辛勤耕耘。

年轻的哈萨克斯坦外交官,走万里路学万里,从决定选择学习汉语到进入外交部工作,致力于推动哈中两国关系发展,经历了从初级翻译到高级翻译的"战斗洗礼",直至出任共和国特命全权大使,正所谓"路漫漫其修远兮"!

一位哈国历史学家,为探寻哈中关系的历史渊源,到中国历史档案馆查找史料原件,翻译整理3600多件察合台文、厄鲁特文、古满文、汉文等古董文献,发掘了"丝绸换马匹"的古丝路珍贵资料,并填补了本国历史文化的空白。

50年代哈萨克北大留学生与中国的故事延续了半个世纪之久,而如今哈国青年的梦想之一就是访问中国。一位大二学生居然着迷于深奥的儒家学说,而且将中国现代变革的理念脉络梳理得头头是道。她还给翻译出了难题,称孔夫子说过君子必备的修身养性等"17种品德",我查遍了《论语》并请教专家后才勉强对应译出。

中国外交官则目睹了哈国所发生的翻天覆地的变化,与读者分享中哈建交谈判、边界问题最终解决、能源外交突破、联合治蝗大战、《黄河大合唱》响起以及"亚信"的来龙去脉等亲力亲为,还披露了哈国独立之初的一些花絮趣事。如当地民众乃至官员一时搞不清"大使"为何意,甚至荒唐地将专车上插的五星红旗误当作苏联国旗而提出"抗议"。

驻哈记者以独有的文笔,见证记录了哈国独立后成为中亚明珠这段波澜壮阔的历史画卷、北京奥运圣火在阿拉木图首站传递的空前盛况,还绘声绘色地描述了汉学家"何老师"浓浓的中国情,以及与"傲慢的柯斯佳"一夜共度两个元旦的浪漫快感。顺便说一下,这位柯斯佳还是旅行家和美食家,几乎走遍了中国,他写下的那篇游记可以让你大饱眼福。

一位年轻外交官在飞赴哈国准备高访的途中,娓娓道来千年丝路上一段段美丽的传说,包括张骞两度出使西域,细君公主、解忧公主和冯夫人等三位命运多舛的女人……当然,重头是有幸直接聆听习近平主席在纳扎尔巴耶夫大学发表的重要演讲，正是在这儿诞生了"丝绸之路经济带"的伟大倡议。

民族问题专家揭秘了哈国"陕西村"的东干人之谜，而中石油的两位老总和盘托出了中国石油人怎样成为丝路精神传承者和筑路人的亲历细节：他们敢为人先，与哈国石油人并肩战天斗地，完成了"不可能完成的任务"，顺利送嫁哈萨克的"管道新娘"，以及一桩桩回馈造福当地社会的动人事迹⋯⋯

此书在编撰过程中得到了外交部欧亚司和哈萨克斯坦驻华使馆的大力支持。在这里，我要特别感谢老朋友托卡耶夫议长，他在百忙之中应约撰写了内涵丰富的序言，为本书增光添彩。要知道，他本人就是亲历见证者，为建立和发展中哈关系、弘扬丝绸之路精神作出了重大贡献。

最后，再次衷心感谢各位作者、朋友所给予的热情帮助！

2015 年 8 月 6 日